KB200423

믿음이 없이는

믿음이 없이는

지은이 | 장진숙
초판 발행 | 2022. 5. 18
등록번호 | 제1988-000080호
등록된 곳 | 서울특별시 용산구 서빙고로 65길 38
발행처 | 사단법인 두란노서원
영업부 | 2078-3352 FAX | 080-749-3705
출판부 | 2078-3331

책값은 뒤표지에 있습니다.
ISBN 978-89-531-4218-3 03230

독자의 의견을 기다립니다.
tpress@duranno.com   www.duranno.com

두란노서원은 바울 사도가 3차 전도여행 때 에베소에서 성령 받은 제자들을 따로 세워 하나님의 말씀으로 양육
하던 장소입니다. 사도행전 19장 8-20절의 정신에 따라 첫째 목회자를 돕는 사역과 평신도를 훈련시키는 사역,
둘째 세계선교(TIM)와 문서선교(단행본·잡지) 사역, 셋째 예수문화 및 경배와 찬양 사역, 그리고 가정상담 사역 등을
감당하고 있습니다. 1980년 12월 22일에 창립된 두란노서원은 주님 오실 때까지 이 사역들을 계속할 것입니다.

찬양 사역자 히즈윌의 삶의 고백

믿음이
없이는

장진숙
지음

두란노

목
차

···   흔들리고 넘어지기도 하지만

         믿음으로 걷고 있습니다

출판사에서 전화가 왔습니다. 제 간증을 책으로 엮고 싶다는 내용이었습니다. 그 얘기를 듣자마자 제 삶이 책으로 소개되기에는 그리 극적이지도 않고 제 믿음도 한참 부족하다는 생각이 들었습니다. 먼 훗날 돌아보며 후회할 일 만들지 말고 아무래도 거절하는 것이 좋겠다는 마음이 절반 이상이었습니다. 고민 중에 출판사 관계자분들을 직접 만나 뵙기로 했습니다. 말씀을 나누는데 부장님이 제게 이런 이 야기를 하셨습니다.

"하나님이 주신 은혜들을 독자에게 좀 나누어 주시면 좋 겠습니다."

내 모습을 나누는 것이 아니라 하나님께 받은 은혜를 나 누어 달라는 말에 순간 제 마음속 고민이 무색해졌습니다. 그리고 보니 하나님이 제 삶에 부어 주신 은혜가 너무나 많았습니다. 그리고 그 은혜는 주님이 주신 것이니 당연히 내 것이 아니었습니다. 그렇게 생각하니 갑자기 책이 쓰고 싶어졌습니다.

저는 광야 같은 시절을 지나면서 살아 계신 주님을 만났습니다. 내 모든 고통을 아시고 내 모든 필요를 채워 주시는 '하늘의 아빠'를 만나고 나니 그 사랑이 너무 놀랍고 감사해서 '내가 무엇을 드리면 주님이 가장 기뻐하실까?'라는 생각을 하게 되었습니다. 그러던 중 성경을 보면서 주님이 정말 기뻐하고 놀라워하시는 장면들을 발견하게 되었습니다. 그건 바로 사람들 안에 있는 '하나님을 향한 믿음'을 보실 때였습니다.

주님이 어디에 계시든 말씀만 하시면 딸이 나을 거라 믿었던 백부장의 믿음. 주님의 옷자락을 만지기만 해도 병이 나을 거라 믿었던 혈루병 걸린 여인의 믿음. 자녀에게 줄 떡을 개에게 주지 않으신다는 주님의 매정한 말씀에도 모든 자존심을 버리고 간절히 주님의 은혜를 구했던 수로보니게

여인의 믿음. 그들의 믿음을 보셨을 때 주님은 정말 놀라셨습니다. 저도 성경 속 믿음의 사람들처럼 주님께 제 믿음을 보여 드리고 주님을 놀라게 해 드리는 삶을 살고 싶어졌습니다.

때로는 흔들리고 넘어지기도 하지만 주님을 만난 후 지금까지 저는 믿음으로 살아가는 걸음을 이어 오고 있습니다. 그 과정에서 주님은 놀라운 은혜를 넘치도록 부어 주셨습니다. 그 은혜들을 많은 독자와 함께 나누고 싶습니다. 제 삶에 역사하신 하나님이 저와 같은 어려움 속에 계신 분들, 믿음의 싸움을 싸우는 분들에게 위로와 소망을 주실 것을 기대합니다.

믿음이 없이는 하나님을 기쁘시게 하지 못하나니 하나님께 나아가는 자는 반드시 그가 계신 것과 또한 그가 자기를 찾는 자들에게 상 주시는 이심을 믿어야 할지니라 히 11:6

2022년 5월

장진숙

··· *Part 1*

내가 너를 잘 알고 있단다

··· 이 글이 노래가 될까

저는 마음이 힘들 때마다 일기 쓰기를 좋아합니다. 글을 쓰기 시작할 때는 온갖 불평불만이 가득하지만, 글을 마칠 때쯤 되어서는 늘 긍정적으로 마무리하게 됩니다.

'그래도 다시 한번 힘을 내 보자! 그래도 나한테는 주님이 계시잖아!'

그렇게 일기를 쓰는 도중에 주님이 제 마음을 변화시키시고 새로운 힘을 주십니다.

일기를 쓰면서 생긴 습관이 하나 있습니다. 바로 주님이 주시는 마음을 짧은 글로, 수시로 일기장에 메모하는 것입니다. 그 글들은 마치 기도 같기도 하고 일기 같기도 하며 때로는 짧은 시가 되기도 합니다.

어느 날 문득 그런 생각이 스쳐 지나갔습니다.

'이 글에다가 음을 붙여 보면 어떻게 될까? 혹시 노래가 될까?'

찰나에 스친 그 생각이 제 삶을 완전히 뒤바꿔 놓았습니다.

작곡을 배워 본 적도, 해 본 적도 없었던 저는 문득 드는 생각을 따라 피아노 앞에 앉았습니다. 그리고 가사를 들여다보는데 가사에 맞춘 멜로디가 순식간에 머릿속에서 흘러나왔습니다. 마치 이미 완성된 노래를 귀로 듣는 것 같았습니다. 작곡을 한다기보다는 누군가가 들려주는 곡을 받아 적는 느낌이었습니다. 그렇게 한 곡이 만들어지는 데는 5분도 채 걸리지 않았습니다. 오히려 끊임없이 흘러나오는 멜로디를 기보하는 데 훨씬 많은 시간이 걸렸습니다. 머릿속에서 멜로디가 흘러나오기 시작하면 끊임없이 맴돌아서 받아 적지 않고는 도무지 쉴 수도, 잘 수도 없었습니다. 결국 곡을 오선지에 받아 적고 나서야 머릿속이 잠잠해졌습니다.

그렇게 한 달 동안 30곡가량을 썼습니다. 놀랍게도 찬양을 한 소절씩 악보로 옮길 때마다 제 마음의 오래된 상처와 어둠이 치유되고 기쁨이 충만해졌습니다. 제 피아노 건반에는 늘 눈물과 지우개 가루가 뒤엉켜 있었습니다. 눈물로 가사를 고백하며 주님께 올려 드렸고 주님은 끊임없는 멜로디로 제 가사에 화답해 주셨습니다. 세상에 오직 저와 하나님밖에 없는 것 같았습니다.

그렇게 한 달이 흘렀습니다. 하루는 기도 중에 주님이 제게 이 곡을 많은 사람과 나누라는 마음을 주셨습니다. 그리고 제 마음을 회복해 주신 것처럼 다른 사람들의 마음도 치유하기 원하신다는 강한 마음을 주셨습니다. 처음에는 어떻게 나눠야 할지 잘 몰랐습니다. 그래서 교회 소모임에 악보를 가져가 그곳 사람들과 함께 노래를 부르고 곡에 담긴 은혜를 나누었습니다. 그런데 그때마다 주님은 자꾸 더 많은 사람과 나누라는 마음을 주셨습니다. 하루는 구체적으로 방법을 구하며 기도했습니다. 그때 음반이 떠올랐습니다.

'음반을 만들면 내가 모르는 사람들, 만날 수 없는 사람들과 곡을 나눌 수 있겠구나!'

하지만 주변에 이 길을 가는 사람이 아무도 없었습니다. 어디서부터 첫 걸음을 떼야 할지 도무지 몰라서 막막하기만 했습니다. 그때부터 저는 주님께 하루하루 어디로 가야 할지 누구를 만나야 할지 기도했습니다. 그러던 중 소모임을 같이하던 교회 오빠에게서 연락이 왔습니다.

"회사 거래처에서 찬양 음반을 작업했다고 하는데, 같이 한번 가 볼래?"

그 오빠는 음향기기 관련 일을 하고 있었는데, 주일에 제가 나눈 이야기를 듣고는 생각이 났다고 했습니다. 거래처는 '소리나무'라는 음향 업체였습니다. 저는 기대하는 마음으로 그곳을 찾아갔습니다.

그곳에서 음반 작업 담당자를 만나기로 했는데, 다름 아닌 제 고등학교 시절 친구 진모였습니다.

"오늘 오기로 한 사람이 니가?"

우리는 놀랍기도 하고 반갑기도 해서 서로의 얼굴을 보고 한참 동안 웃었습니다. 주님이 깜짝 선물 같은 만남을 미리 준비하시고 곁에서 함께 웃고 계신 것 같은 느낌이 들었습니다. 주님은 그렇게 제가 이 길 가는 것을 기뻐하신다는 확신을 주셨고, 한 걸음씩 딛을 때마다 닫힌 문을 활짝 열어 주셨습니다.

… 제 보물을 내놓으라시기에

모든 일이 순탄하기만 했던 것은 아닙니다. 주님의 뜻에 순종하기 위해서 때로는 제가 소중히 여기는 것들을 과감히 내려놓아야만 했습니다. 첫 번째는 제 꿈이었고, 두 번째는 돈이었으며, 세 번째는 저 자신이었습니다.

당시 저는 대학을 졸업하고 시립합창단 생활을 하며 유

학을 준비하고 있었습니다. 3개월째 학원을 다니며 이탈리아어를 배웠고, 유학 준비를 위해 잠깐 이탈리아에 다녀오기도 했습니다. 그런데 음반을 내려면 유학을 미뤄야만 했습니다. 유학과 음반, 양 갈래로 나 있는 길 앞에서 혼란스러웠습니다. 그런데 기도할 때마다 주님은 곡을 나누는 것에 대한 마음을 가득 부어 주셨습니다. 그렇게 입학시험까지 몇 개월이 채 남지 않았을 때 저는 음반 작업을 시작했고, 결국 시험을 치러 가지 못했습니다. 아쉬웠지만 그래도 괜찮았습니다. 지금 하는 작업을 마치면 언젠가 주님이 다시 보내 주시겠지 하는 마음으로 유학 계획을 미뤘습니다.

막상 음반을 제작하려니 생각보다 큰돈이 필요했습니다. 주님께 물었습니다.

"주님, 저 유학이 미뤄지더라도 순종할게요. 그런데 음반 제작할 돈이 없는 데요?"

그때 주님이 제게 말씀하셨습니다.

"돈이 왜 없어? 유학 가려고 모아 놓은 돈 있잖아!"

주님은 제가 그동안 모아 두었던 유학 자금을 기억나게 하셨습니다. 그 돈은 첫 직장이었던 시립합창단의 월급을 한 푼도 쓰지 않고 모은 것이었습니다. 2년 동안 사회생활 하면서 겨우 마련한 목돈이었습니다. 오직 유학을 위해서 모은, 제 옥합과도 같은 보물이었습니다. 그런데 주님이 그걸 찾으셨습니다. 그 돈을 주님 앞에 내려놓는 것이 얼마나 힘들었는지 모릅니다. 그 돈을 음반 제작에 다 써 버리면 다시는 유학을 가지 못할 것 같아서 불안했습니다. 아마도 저는 돈을 모으면서 그것에 안정감을 누렸던 것 같습니다.

고민 끝에 저는 주님의 뜻을 확실히 알기 위해 굳은 각오로 새벽기도를 시작했습니다. 기도를 하는 동안 저는 내심 '주님이 나를 도와줄 누군가를 보내 주시겠지' 하고 기대했습니다. 그런데 기도를 하면 할수록 처음 생각과는 다르게 어서 빨리 주님을 위해 이 돈을 쓰고 싶다는 마음이 들기 시작했습니다.

'나는 그동안 주님께 받기만 했지 한 번도 무엇 하나 제대로 드린 적이 없구나. 이 돈도 다 주님이 주신 것 아닌가. 그러니 주님을 위해 써야지!'

막상 주님의 발 앞에 옥합을 깨뜨릴 생각을 하니 말할 수 없는 기쁨이 몰려왔습니다. 옥합을 깨뜨려서 예수님의 발을 씻겨 드린 여인의 마음에 공감했습니다. 그 여인은 아마도 큰 기쁨으로, 아무런 계산도 없이, 가차 없이 옥합을 깨뜨렸을 것입니다. 저도 기쁨으로 제 가장 귀한 옥합이었던 통장을 깨뜨렸습니다.

음반 작업을 위해 유학 자금을 내려놓고 열심히 10개월을 달렸습니다. 그리고 드디어 히즈윌 1집 제작이 끝났습니다.

음반이 CD로 제작되어 집으로 배달되기로 한 날, 마침 엄마가 갑상선기능저하증으로 병원 진료를 받기로 한 날이라 함께 병원에 갔습니다. 의사 선생님은 엄마를 진찰한 후 갑상선은 가족력이 있고 마침 딸도 함께 왔으니 간단히 살펴봐 주겠다고 했습니다. 한참을 손으로 제 목을 짚어 보며 진찰하던 의사 선생님의 표정이 나빠졌습니다. 큰 혹이 만져진다고 했습니다. 당장 초음파 검사를 해야겠다고 했습니다.

저는 그날 전혀 생각지도 못했던 갑상선 초음파 검사를 받았습니다. 나를 보던 의사 선생님이 다른 의사들을 불러 왔습니다. 의사 여럿이 초음파 화면 속 혹을 한참 들여다봤습니다. 그러고는 제게 말했습니다.

"모양이 암과 아주 유사합니다. 지금 당장 조직검사를 해야겠습니다."

그날 조직검사를 받고 집으로 돌아오는 길에 저는 주님께 너무 섭섭해서 펑펑 울었습니다.

"주님, 제가 어떻게 순종하며 걸어왔는지 다 아시잖아요. 상을 주셔도 모자랄 판에 하필 오늘 이런 이야기를 듣게 하시다니요. 주님 너무하세요!"

조직검사 결과를 기다리는 일주일 동안 주님은 내 건강, 내 호흡마저도 주님 앞에 내려놓기를 원하셨습니다. 다 내 것인 줄 알아서 그렇게 주님께 화를 냈는데, 사실은 내 생명까지도 주님의 것이었습니다.

조직검사 결과 혹은 다행히 암이 아닌 양성 결절이었습니다. 저는 그동안 내 것이라 여겼던 모든 것이 다 주님이 주신 것임을 고백하며 하나씩 주님 앞에 내려놓는 법을 배웠습니다. 그렇게 히즈윌 사역을 시작했습니다.

⋯ 순종하여 달려오기를 잘했습니다

부산에서 히즈윌 1집을 발매한 후 저는 마치 마라톤을 완주한 것처럼 탈진해 버렸습니다. 지방에서 20대 초중반 청년 몇 명이 모여서 낸 음반을 사람들에게 알리려면 충분히 홍보해야 했는데, 여기에도 돈이 필요했습니다. 더 이상 여력이 없던 저는 주님께 다시 기도했습니다.

"주님이 저라는 한 사람의 인생 방향을 완전히 틀어서 이 음반을 내게 하셨으니, 주님이 들려주고 싶은 사람들에게 알아서 들려주실 줄 믿습니다."

그러고는 아무 홍보도 없이 그냥 음원 등록만 마쳤습니다. 비록 많은 사람이 듣지는 않았지만 그럼에도 주님이 꼭 필요한 사람에게 노래를 들려주시는 것을 경험했습니다. 음반 발매 후 여러 사람에게 메일을 받았습니다.

"병원에서 암 수술을 받을 때 히즈윌 음반을 들으면서 견뎠습니다."

"남편을 잃고 불면증으로 잠을 못 잤는데, 찬양을 들으면서 잠을 자게 되었습니다."

"저는 하나님을 믿지 않았는데 노래를 듣고 교회에 가고 싶어졌습니다."

그야말로 영혼이 살아나는 이야기였습니다. 이런 이야기를 들을 때마다 '내가 만약 내 계획대로 살았더라면 이런 놀라운 이야기를 들을 수 있었을까? 천하보다 소중한 한 영혼이 돌아온다면, 그것이야말로 정말 큰 성공이구나!' 라는 생각이 들었습니다. 주님이 제게 주셨던 "너를 위로한 것처럼 많은 사람을 위로하기 원한다"는 말씀이 실제로 이루어지고 있었습니다. 시간이 지날수록 주님께 순종하여 이 길을 달려오기를 정말 잘했다는 마음이 들었습니다.

주님은 제가 알지 못하는 시간과 장소에서 히즈윌의 찬

양을 통해 아픈 영혼을 만지셨고, 그들에게 새 힘을 주셨습니다. 그 후로 얼마나 많은 사람이 히즈윌의 찬양을 듣느냐는 제게 중요하지 않게 되었습니다. 다만 주님이 역사하실 한 영혼을 위해서 기도하게 되었습니다. 음반을 포장해 우편으로 발송하면서 일일이 음반 위에 손을 얹고 찬양이 흘러가는 곳마다 주님의 역사하심이 가득하도록 기도했습니다.

1집 음반이 팔리고 수익이 나면서 다시 통장에 돈이 모이기 시작했습니다. 저는 그 돈을 보면서 잠시 접어 두었던 유학 생각이 아니라 또 다른 영혼을 살릴 수 있는 히즈윌 2집 음반을 내고 싶다는 생각을 했습니다. 어디로 가야 할지도 모른 채 주님 음성에 한 걸음씩 순종하며 따라왔지만, 이제는 주님의 마음이 있는 바로 이곳, 찬양을 통해 영혼을 살리는 일이 제 사명이 되었습니다.

순종은

주님은 때론 나를 잠잠히
때론 나를 강하게 부르시네
그 음성에 순종하여 한 걸음 주께 가네

순종은 아름다우신 주님을 보게 하네
순종은 길이 없던 곳에 길을 내게 하네

순종은 주께 드리는 내 믿음의 고백
순종은 제사보다 더 귀하나니

오늘도 말씀하시는 그 음성을 듣네
그 음성이 나를 오늘도 걷게 하네

그 음성 따라서 주님께 순종하네

순종, 가장 나다운 모습으로 인도하신 주님

부산에 홀로 계신 엄마가 이사를 가게 되었습니다. 엄마에게 연락이 왔습니다. 챙겨 갈 것이 있으면 빨리 와서 가져가라고, 만약 안 가져가면 이사할 때 다 버리겠다는 통보였습니다. 저는 부랴부랴 부산으로 내려갔습니다.

그곳에는 어릴 때 썼던 일기장들이 있었고, 그 사이에 공책이 하나 있었습니다. 그 공책 겉면에 이렇게 써 있었습니다.

'작곡장'

저는 그것을 보고 정말 깜짝 놀랐습니다. 작곡장이라니. 저는 분명히 스물여섯 살에 처음으로 곡을 썼는데 말이지요.

공책을 열어 봤습니다. 박자 표기조차 제대로 되어 있지 않은 음표들이 무질서하게 나열되어 있었습니다. 저는 어린

시절에도 그렇게 작곡이 하고 싶었나 봅니다.

그때까지만 해도 저는 주님께 순종하는 마음으로 내 계획과 방향을 다 접었다고 생각했습니다. 그래서 지금의 내 삶은 실은 내가 원하던 방향이 아니라고 생각했습니다. 그런데 주님은 나조차 잊고 있었던 내 모습을 다 아시고 여기까지 저를 인도하셨습니다. 주님 뜻에 이끌려 순종하며 걸어온 지금의 내 모습은 하나님이 창조하신 가장 나다운 모습으로 활짝 피어나 있었습니다.

그 후로 '순종'에 대한 제 생각은 완전히 바뀌었습니다. 그저 나에게 가장 좋은 것을 주시려는 주님의 부르심에 기쁨으로 달려가는 것이 바로 제 순종입니다.

천국에서 다시
만날 테니
얼마나 위로인지요

··· 열등감과 비교의식이 생겼습니다

저는 평범한 어린 시절을 보냈습니다. 넉넉한 형편은 아니었지만 그래도 웃음이 있는 집에서 행복하게 자랐습니다. 오빠와 저는 보통의 남매들처럼 종종 싸우기도 했지만 이따금 고민을 나눌 정도로 가까이 지냈습니다. 그리고 밖에서는 밝고 씩씩한 성격 덕분에 친구도 많았습니다.

어릴 때부터 저는 음악을 무척 좋아했습니다. 엄마가 피아노를 사 주셨던 날을 아직도 기억합니다. 그날 밤 이게 혹시나 꿈이 아닐까 걱정이 되어서 자다가 깨서는 피아노를 만져 보고 또 만져 보다가 결국 피아노 밑에서 잠이 들었습니다.

그 시절에는 주일이면 동네 아이들을 가득 모아서 손을 잡고 교회에 데려가시는 교회 선생님들이 있었습니다. 지금

시대에는 상상도 못 할 일이지요. 그래서였는지 그 당시 제가 살던 동네에는 대부분의 아이가 교회에 다녔습니다. 교회에 가지 않으면 함께 놀 친구가 없을 정도였습니다. 저도 그렇게 동네 친구들과 간식도 받고 함께 놀기 위해 교회에 따라가게 되었습니다. 꾸준히 나가지는 않고 기분에 따라 들쭉날쭉 출석했습니다.

초등학생이 되어 저와 오빠는 학원을 다녔는데, 그곳 원장님이 엄마와 저희를 그분이 다니는 교회로 전도했습니다. 그때부터 아빠를 뺀 우리 가족은 교회에 나가 함께 예배를 드렸습니다.

어린 시절 가장 기뻤던 일은 어린이 성가대에서 찬양하는 것이었습니다. 지휘자님은 성악을 전공한 늦깎이 대학생이었는데, 어린이 성가대의 레퍼토리가 아닌, 다소 어려운 고전 합창곡들을 많이 가르쳐 주셨습니다. 저는 매주 배우는 찬양곡들이 너무 좋았고 합창 음악에 푹 빠지게 되었습니다. 그때 배웠던 곡들이 아직도 기억에 남아 있습니다. 지휘자님은 매번 최선을 다해 우리를 지도하셨고 매주 정성껏 준비한 찬양을 주님께 올려 드렸습니다. 그때 저는 지휘자님을 존경했던 것 같습니다. '나도 음악을 전공해서 지휘자님처럼 되고 싶다'는 생각을 했습니다.

그런 평범한 제 삶에 광야와 같은 시간이 찾아왔습니다. 중학교 3학년이 되던 해였습니다. 그해 IMF 외환위기 사태가 터졌고 아빠는 직장을 잃으셨습니다. 아빠는 괴로운 시간을 술과 담배로 버티셨습니다. 급기야는 건강까지 잃으셨습니다. 어느 날 아빠가 기침을 심하게 하시는데 목에서 피가 섞여 나왔습니다. 검사 결과 폐암이었습니다. 그때부터 아빠의 투병 생활이 시작되었습니다.

아빠는 폐암 수술을 받고 잠시 건강을 되찾으시는 듯했습니다. 그런데 또 술을 드시기 시작했습니다. 결국 수술 후 2년이 지나 암이 간으로 전이되면서 간암 말기 판정을 받았습니다. 병원에서 더는 손쓸 수 없는 상황에 이르렀습니다.

당시 저는 성악을 전공하기 위해 막 레슨을 받기 시작했는데 집안이 어려워지면서 레슨비를 제대로 내기가 힘들었습니다. 또 아빠가 언제 돌아가실지 모른다는 불안감에 수시로 마음이 무거워졌습니다.

'아빠는 이제 어떻게 되시는 걸까. 나는 계속 음악 공부를 할 수 있는 걸까?'

문득 이런 생각이 날 때면 수업 시간에 공부하다가도 소리 없이 눈물을 흘렸습니다.

그렇게 고 3을 맞았습니다. 졸업 후 저는 서울에 있는 대학으로 진학하고 싶었습니다. 수능시험을 치렀고, 좋은 점수를 받았지만 차마 서울로 진학하고 싶다는 말씀을 부모님께 드릴 수가 없었습니다. 그때부터 제게는 열등감과 비교의식이 생기기 시작했습니다. 친구들은 하나같이 제게 부러움의 대상이 되었습니다. 우리 집 형편에는 꿈꾸는 것조차 사치처럼 느껴졌습니다.

··· 지나고 보니 사랑이었습니다

아빠는 하나님을 믿지 않으셨습니다. 제 기도 제목은 늘 아빠가 하나님을 믿는 것이었습니다. 그런데 건강의 문제로 삶의 소망이 사라지면서 아빠는 하나님을 찾기 시작하셨습니다. 저와 함께 교회도 가셨습니다. 아빠와 같이 예배를 드리다니, 정말 꿈 같은 일이었습니다.

하루는 온 가족이 함께 새벽기도를 나갔습니다. 그날 아빠는 목사님께 기도를 받으셨고, 정말 많은 눈물을 흘리셨습니다. 그때는 투병 중이던 아빠의 눈물이 어느 정도의 무게였는지 전혀 몰랐습니다. 제가 아이를 낳고 부모가 되어 보니 당시 아빠의 마음이 어떠했는지 이제야 조금 이해가 됩니다. 아직 너무 젊은데, 키워야 할 아이가 둘이나 있는데, 삶의 기한을 선고받은 그 마음이 어떠셨을지⋯ 아빠도 참 두려웠을 텐데 저는 그런 아빠를 제대로 위로해 드린 적이 없습니다. 그저 아무렇지 않은 척하는 것이 아빠를 위한 최선이라고 생각했습니다. 그리고 얼마나 철이 없었는지, 아빠도 힘들겠지만 내 삶도 무척 힘들다고 생각했습니다.

엄마는 아빠보다는 조금 더 일찍 신앙생활을 시작하셨습니다. 그렇지만 교회를 다니기만 하셨을 뿐 신앙이 그리 깊지는 않았습니다. 그런데 아빠가 암 투병을 시작하신 이후로 엄마의 믿음은 오빠와 저보다도 훨씬 견고해졌습니다. 엄마는 저녁마다 금식하며 하나님께 매달리셨습니다. 하나님은 기도 중에 또 일상생활 중에 엄마에게 환상을 보여 주시고 음성을 들려주셨습니다. 하나님은 엄마에게 가장 잘 맞는 방법으로 엄마를 만나 주셨습니다. 그때부터 시작된 엄마의 새벽기도는 지금까지 이어지고 있습니다.

엄마의 믿음은 오빠와 제 삶에 큰 영향을 주었습니다. 엄마가 믿음의 눈으로 세상을 보시기 시작하면서 우리의 초점도 점점 어려운 환경이 아니라 주님께 맞춰지기 시작했습니다. 엄마와 하나님과의 관계가 친밀해지면서 우리 가정은 힘든 환경 속에서도 그보다 크신 하나님의 평안을 누리며 살 수 있었습니다.

아빠의 긴 투병 생활로 우리 가정은 경제적으로 많이 어려워졌습니다. 엄마는 생계를 위해 장시간 힘든 일들을 하셔야 했습니다. 한번은 생선 공장에서 칼로 생선 머리를 자르는 일을 하셨는데, 그때 손목이 다 상해서 손을 제대로 움직일 수 없을 정도로 안 좋아지신 적도 있습니다.

엄마는 공장 일을 하실 때 점심 도시락 반찬으로 나오는 김치를 늘 집으로 가져오셨습니다. 냉장고에 있는 큰 김치통에는 엄마가 가져오는 김치들이 쌓였습니다. 저는 그 김치를 볼 때마다 복잡한 마음이 들었습니다. 그렇게 힘들고 궁색하게 사는 것이 싫었지만, 동시에 우리를 걱정하는 엄마의 사랑이 느껴졌기 때문이었습니다.

··· 천국에서 다시 만날 것입니다

제가 스무 살 대학생이 되던 해에 아빠의 상태가 급격히 나빠졌습니다. 아빠를 보러 들어가기 전 저는 병실 앞 복도에서 한참 마음을 추슬러야 했습니다. 아빠는 그동안 내가 봐 오던 모습이 아니었습니다. 황달이 생기고 복수가 차 있는 아빠의 모습을 보는데, 마음이 아파서 견딜 수가 없었습니다. 그렇지만 아빠 앞에서 울 수가 없어서 한참 동안 마음을 추스르고 병실로 들어갔습니다.

그날도 여느 때처럼 학교를 마치고 병원으로 갔습니다.

병실 앞에서 마음의 준비를 하고는 아빠를 보러 들어갔습니다. 아빠는 잠깐 이야기를 나누다가 가느다랗게 숨을 쉬셨습니다. 그러더니 숨을 쉬는 횟수가 점점 줄어 갔습니다. 마침 교회에서 심방을 왔는데, 교회 어른들이 아빠의 죽음을 직감하신 것 같았습니다. 다 같이 손을 잡고는 의식이 없는 아빠를 위해 찬송을 부르기 시작했습니다. 아빠는 그날 그렇게 하늘나라로 가셨습니다.

아빠의 죽음이 채 믿기지 않을 때 병원에서는 흰 천으로 아빠의 몸을 덮었습니다. 돌아가시기 전 아빠는 저에게 병실에서의 밤이 너무 길고 힘들다고 하셨습니다. 그때 한 번도 아빠와 함께 밤을 같이 보내 드리지 못한 것이 가슴에 사무치도록 후회가 됩니다.

저는 아빠의 사랑을 참 많이 받았습니다. 집에 오다가 근처 골목에서 아빠와 마주칠 때가 종종 있었습니다. 그때마다 아빠가 어찌나 환하게 웃으며 저를 반가워하시는지, 마음속으로 '아빠는 나를 보기만 해도 저렇게 좋은가?' 하고 생각했던 적이 있습니다. 긴 시간은 아니었지만 자라면서 충분히 받았던 아빠의 사랑을 통해 저는 하나님의 사랑을 어떤 걸림도 없이 온전히 느낄 수 있었습니다. 육신의 아빠의 사랑도 이렇게 큰데 나를 창조하신 하나님 아버지의 사랑이 어떠할지 생각하면 가슴이 벅차오릅니다. 저는 그 사랑의 품 안에서 헤엄을 치고도 남을 것 같은 확신이 듭니다. 지금도 저는 필요한 것이 있으면 아빠에게 구하듯 하나님께 구합니다. 힘들면 투정을 부리기도 합니다. 때로는 나를 사랑하셔서 주시는 훈련의 시간이 힘들 때도 있지만 그 모든 것이 나를 향한 사랑 때문임을 믿고 의심하지 않습니다.

시간이 지나면서 점차 아빠의 죽음을 실감했습니다. 사랑하는 가족을 살아서 다시는 볼 수 없다는 고통은 심장을 쥐어짜는 것처럼 괴롭고 가슴을 큰 망치로 때리는 것처럼 아팠습니다. 그때마다 제가 붙잡은 위로가 있었습니다. 바로 천국의 위로였습니다. 아빠의 죽음 이후로 천국은 더 이상 저에게 추상적인 곳이 아니었습니다. 주님을 만남과 동시에 사랑하는 사람을 다시 만날 수 있는 곳이 되었습니다. 삶에 끝이 있고 그 후에 영원한 나라 천국이 있다는 것, 그래서 슬픔도, 육체의 고통도, 그리움도 다 끝이 있다는 것이 참 감사한 일이라는 생각을 처음으로 하게 되었습니다.

스무 살, 어쩌면 어린 나이라고 할 수도 있겠지만 그때부터 저는 잠시뿐인 이 세상을 위해 살지 않고 영원한 나라를 준비하며 후회 없는 하루를 살고자 하는 마음을 갖게 되었습니다.

곁눈질

곁
눈
질

오늘 이 땅을 밟았다가도
내일은 주님 뵐 수도 있죠
왜 미련하게 영원히 살 듯
진리를 떠나 왜 곁눈질 하나

오늘이라도 천국 문 열고
그리던 주님 만날 것처럼
욕심도 없이 미련도 없이
매일 감사로 난 살고 싶어라

내일이라도 주님 만나면
잘했다 칭찬받을 수 있게
예수님 따라 좁은 길 따라
진리 붙들고 난 살고 싶어라

주님 앞에서 순결한 신부로
흠도 티도 없이 난 살고 싶어라

곁눈질 하지 말자

부산에 있을 때 제가 출석하던 교회에서 여름 의료 단기선교를 떠났던 의사 선생님이 선교 현장에서 심장마비로 돌아가셨다는 소식을 들었습니다. 그 일과 겹쳐서 제가 일하던 피아노 학원 원감 선생님의 남편분도 택시에서 심장마비로 돌아가셨습니다. 평화롭던 일상에 들이닥친 너무나 갑작스러운 부고였습니다.

두 가정은 비슷한 점이 많았습니다. 아직은 너무 어린 자녀가 있다는 것이 그랬습니다. 두 가정 모두 두세 살 쯤 된 막내딸과 초등학생인 둘째 딸, 그리고 중학생이 된 첫째 딸이 있었습니다. 아빠의 사랑을 기억조차 못 할 막내와 사춘기에 들어선 아이들, 그리고 세 아이를 길러 내야 하는 엄마의 짐이 한없이 무거워 보였습니다. 사랑하는 가족을 다시는 보지 못한다는 고통이 어떠한지 알기 때문에 그들을 보며 얼마나 마음이 아팠는지 모릅니다.

그런데 기도를 할수록 주님은 우리가 그 슬픔에서 멈춰 있는 것을 원치 않으신다는 마음이 들었습니다. 죽음은 멀리 있는 것이 아니라 오늘과 내일 사이에 존재할 수 있는 단어라는 것, 그래서 하루하루 허투루 보내지 않고 주님 만날 준비를 하며 살아야 함을 깨닫게 해 주셨습니다.

너무 짧은 삶인데 '곁눈질'하며 후회하는 삶은 절대로 살지 말아야겠다는 다짐으로 곡을 썼습니다. (저는 굉장히 비장한 마음으로 썼던 곡인데 많은 분이 손뼉을 치며 이토록 신나게 이 곡을 부를 줄은 꿈에도 몰랐습니다.)

···   20만 원만 채워 주세요

대학에 들어가자 엄마는 제게 당부했습니다.

"이제 네가 성인이 되었으니 앞으로는 천 원도 줄 수 없다. 스스로 용돈을 벌어서 생활해야 한다."

엄마의 힘든 삶을 알았기에 이해가 되었습니다. 어려운 형편에 음악을 가르쳐 대학까지 보내 주었으니 그것만으로도 감사했습니다. 앞으로는 절대로 엄마를 의지하지 말고 악착같이 살아 내야겠다고 다짐했습니다.

그 후로 저는 아르바이트도 해야 했고 장학금도 받아야 해서 늘 마음에 여유가 없었습니다. 그리고 어렵게 음악을 했으니 보란 듯이 성공해야 한다는 생각에 스스로를 몰아붙였습니다. 어떤 날은 친척 어른들로부터 이 와중에도 기어이 음악을 한다고 고집을 부려서 아빠를 더 힘들게 만들었다는 이야기를 듣기도 했습니다. 그런 이야기들이 마음속 깊은 상처로 새겨지면서 제게는 더 큰 강박이 생겼습니다.

대학 시절 저는 연습을 빠지는 날이 단 하루도 없었습니다. 명절에도 혼자 연습실 불을 밝혔고, 단기선교를 떠나면 선교지에서도 매일 연습을 했습니다. 아침에 눈을 뜨자마자 노래하고 길을 걸으면서도 노래했습니다. 하루라도 연습을 못 하면 마음이 너무 불안했습니다. 그런 날은 잠들기 전에도 노래를 부르곤 했습니다.

제가 부산에서 대학을 다니던 때는 환승할인 제도가 없어서 하루 네 번의 차비가 들었습니다. 점심, 저녁 식비까지 포함하면 만만치 않은 금액이 필요했습니다. 저녁 연습이라도 하게 되면 돈이 부족해서 저녁밥을 굶을 때도 많았습니다. 차비가 부족한 날도 있었는데, 그럴 때는 누군가에게 돈을 빌릴 수밖에 없었습니다. 그날도 네 번의 차비 중 한 번이 부족해서 천 원을 빌려야 했습니다. 큰돈은 아니었지만, 그날따라 제 삶이 너무나 고단하고 무거워서 하염없이 눈물이 쏟아졌습니다. 문득 해가 저무는 하늘을 올려다봤습니다. 그날따라 하나님 아버지께 너무나 화가 났습니다.

"하나님 진짜 제 아버지가 맞나요? 저는 왜 이렇게 사는 게 힘들지요? 하나님이 정말로 살아 계시고 제가 주님의 자녀라면, 먹는 것과 차비 걱정은 하지 않고 살게 해 주세요. 차비와 밥값 20만 원 채워 주세요!"

저는 어릴 때부터 신앙생활을 해 왔지만, 제게 하나님은 그저 하늘에 계신 거룩하신 분이었습니다. 그래서 그때까지만 해도 그런 기도는 드리면 안 되는 줄 알았습니다. 불경한 일이라고 생각했습니다. 제가 신앙생활을 하던 교회는 장로교 중에서도 고신 교단이었습니다. 그래서 예배를 드리는 분위기도 특별히 더 엄격했습니다. 주일 예배에서 장로님의 대표기도는 늘 전능하시고 무소부재하신 창조주 하나님으로 시작했습니다. 예배 중에 드럼을 치는 것에도 반대가 많아서 제가 대학생이 되어서야 처음으로 교회에 드럼이 들어왔습니다. 그런 교회의 분위기 속에서 자란 제가 하나님께 어떤 요구를 하거나 대들다니 상상도 못 할 일이었습니다.

그런데 그날 저는 처음으로 분노를 섞어 하나님께 기도했습니다. 어쩌면 처음으로 하나님이라는 존재를 하늘에 가두지 않고 내 삶 속으로 모신 것인지도 모르겠습니다. 비록 분노가 섞인 기도였다 할지라도 하나님은 그런 제 솔직한 기도를 기다리고 계셨던 것일지도 모르겠습니다.

그 일이 있고 나서부터 저는 특별한 경험들을 하기 시작했습니다. 어디서 저를 알았는지, 아이를 지도해 달라며 레슨을 부탁하는 연락이 왔습니다. 그렇게 딱 월 20만 원이 채워졌습니다. 처음에는 '와, 신기하다!' 정도의 마음이었습니다. 그때까지만 해도 저는 하나님이 이것을 채워 주셨다는 확신을 갖지 못했습니다.

최소한의 생활비를 벌며 학교를 다니는데, 문득 개인 레슨을 받는 친구들이 부러워졌습니다. 저도 개인 레슨을 받고 싶었습니다. 그래서 일자리를 더 구해야겠다는 생각을 했습니다. 기도해서 받은 것은 몽땅 잊어버리고 저는 또다시 제 힘으로 일자리를 찾기 시작했습니다. 한 달 동안 매일같이 구인구직 신문을 뒤져 학원 강사 자리 면접을 보러 다녔습니다. 하지만 번번이 탈락이었습니다. 저는 피아노도 잘 치고 아이들을 가르친 경험도 많아서 자신이 있었는데 이상하게도 채용되지 않았습니다.

한 달이 지나서야 '그때처럼 하나님께 기도해야겠다'라는 생각이 들었습니다. 저는 다시 주님 앞에 엎드렸습니다. 그리고 "주님, 40만 원이 필요합니다"라고 구체적으로 기도했습니다. 이번에도 기다렸다는 듯이 생각지도 못한 곳에서 연락이 왔습니다. 아는 사람을 통해 저를 소개받았다고 했습니다. 그리고 제게 레슨을 받고 싶다고 했습니다. 역시나 40만 원이 채워졌습니다. 기도했던 금액이 채워지는 것을 보면서 저는 너무도 큰 깨달음을 얻었습니다.

'아, 이건 사람이 하는 것이 아니구나!'

온몸이 떨렸습니다. 노력으로 되는 것이었다면 한 달 내내 신문을 뒤지고 면접 보러 다니던 제가 스스로 일을 구했어야 했습니다. 그런데 그 노력은 무용지물이었습니다. 그때 주님이 저에게 이런 마음을 주셨습니다.

"진숙아, 왜 아빠인 나에게 구하지 않고 네 힘으로 아등바등 살고 있니? 기도하면 내가 다 채워 줄 텐데."

주님이 하늘 아빠에게 필요를 구하며 살아가는 삶을 가르쳐 주시려고 그런 시간을 허락하셨다는 생각이 들었습니다. 주님은 하늘에서 그저 팔짱을 끼고 제 인생을 구경만 하는 분이 아니셨습니다. 제 기도를 가까이에서 들으시고 제 삶에 직접적으로 개입하시는 살아 계신 하나님이셨습니다.

···　　나를 입히고 먹이는 분은 오직 하나님입니다

대학 3학년을 마치고 휴학을 결심했습니다. 1년 동안 캠

퍼스의 선교사로 살아 보고 싶었습니다. 원래는 외국으로 선교를 나가고 싶었지만 노래를 쉴 수 없어 내린 결정이었습니다. 그렇게 제 전공은 음악에서 한국대학생선교회(CCC) 순모임으로 바뀌었습니다. 당시 제 일정은 온통 순모임과 음악 연습으로 가득 찼습니다.

저는 CCC에서 양육하던 순원들에게 맛있는 것을 마음껏 사 주고 싶었습니다. 물론 저보다 경제적으로 힘든 순원은 없었지만, 그래도 순장으로서 뭐라도 해 주고 싶었습니다. 하지만 만나는 순원이 너무 많아서 밥을 다 사 줄 수가 없었습니다. 그대신 집에서 도시락을 만들어 가기로 결정했습니다. 그것이 훨씬 더 경제적이었기 때문입니다. 저는 매주 금요일 15인분의 도시락을 싸서 학교까지 버스로 한 시간 거리를 다녔습니다. 그러다 보니 매주 주말에는 몸살이 나곤 했습니다.

하루는 힘든 몸을 겨우 일으켜 하나님께 기도했습니다.

"주님, 순원들을 마음껏 먹일 수 있도록 저 돈 좀 더 주세요. 그리고 졸업 후를 위해서 저금도 하고 싶어요. 아빠, 저 월 80만 원 주세요!"

저는 마지막으로 80만 원을 구했고 대학교 4학년부터는 그 이상의 돈을 벌게 되었습니다.

주님은 다양한 방법으로 다양한 사람들을 만나 주십니다. 저는 분명히 물질을 통해 살아 계신 주님을 만났습니다. 아마도 주님은 제가 가장 힘들어하는 것이 무엇인지 아셨던 것 같습니다. 어떻게 해야 제가 주님을 붙잡을지 아시고, 그것을 통해 저를 만나 주신 것 같습니다.

그때까지 저는 돈은 부모님이 주시는 것인 줄로만 알았습니다. 그래서 경제적으로 여유 있는 친구들을 보면 늘 열등감에 마음이 무거웠습니다. 그 친구들만큼 저를 지원해 주지 못하는 부모님을 원망하기도 했습니다. 그런데 주님은 여러 번의 믿음의 실험을 통해서 저를 입히고 먹이시는 분이 오직 하나님이심을 깨닫게 하셨습니다. 그렇게 하나님은 저를 찾아오셔서 제 마음 가장 아픈 곳을 어루만지시고 텅 빈 마음을 사랑으로 가득 채워 주셨습니다. 그런 주님의 사랑 때문에 저는 마치 세상을 다 가진 것 같은 기쁨을 누렸습니다.

주님은 하늘에서

그저 구경만 하는 분이 아니라,

제 기도를 가까이에서 들으시고

제 삶에 직접적으로 개입하시는

살아 계신 하나님이십니다.

광야를 지나며

광야를 지나며

왜 나를 깊은 어둠 속에 홀로 두시는지
어두운 밤은 왜 그리 길었는지
나를 고독하게 나를 낮아지게
세상 어디도 기댈 곳이 없게 하셨네

광야, 광야에 서 있네

주님만 내 도움이 되시고
주님만 내 빛이 되시는
주님만 내 친구 되시는 광야
주님 손 놓고는
단 하루도 살 수 없는 곳 광야
광야에 서 있네

주께서 나를 사용하시려
나를 더 정결케 하시려
나를 택하여 보내신 그곳 광야
성령이 내 영을
다시 태어나게 하는 곳 광야
광야에 서 있네

내 자아가 산산이 깨지고
높아지려 했던 내 꿈도
주님 앞에 내어놓고
오직 주님 뜻만 이루어지기를
나를 통해 주님만 드러나시기를
광야를 지나며

주님 손을 꼭 붙잡고 광야를 걸었습니다

우리는 광야 같은 인생 길을 걸어갑니다. 문득 제가 지나온 광야에서의 시간을 돌아봤습니다. 광야는 분명 힘든 곳이지만, 그곳에 있던 때가 반드시 힘든 시간만은 아니었다는 사실을 깨달았습니다. 그곳에서 주님은 제 가장 친한 친구가 되어 주셨고, 제 모든 필요를 채워 주셨습니다. 저는 주님 손을 꼭 붙잡고 광야를 걸었습니다. 어느덧 제 모습도 조금씩 예수님을 닮아 가고 있었습니다.

광야에서의 시간이 얼마나 우리를 새롭게 하는지 모릅니다. 광야에서만 경험할 수 있는 은혜가 얼마나 큰지 모릅니다. 광야의 놀라운 비밀을 많은 사람과 함께 나누고 싶어서 이 곡을 쓰게 되었습니다.

···　주님 목소리를 들려주세요

주님과 친밀한 삶을 살게 되면서 저에게 큰 변화가 생겼습니다. 오랜 시간 나를 괴롭힌 열등감이 사라진 것입니다. 그동안은 어려운 형편에서 음악을 하다 보니 부모님의 넉넉한 지원을 받는 친구들을 보면 괜한 열등감이 올라왔습니다. 화려한 무대는 늘 나에게 맞지 않는 옷을 입은 것처럼 어색했습니다. 하지만 세상 부모가 주는 그 어떤 것보다 더 좋은 것으로 넉넉히 주시고도 남을 만큼 크신 하나님이 제 아빠가 되어 주시니 한순간에 모든 부러움이 사라졌습니다.

또 다른 변화는 어떤 문제 앞에서도 사람을 의지하거나 찾지 않게 된 것입니다. 사람이 해 줄 수 있는 것에는 한계가 있습니다. 부모님도 나를 사랑하시지만 내 필요를 다 채워 주실 수는 없습니다. 하지만 주님께는 불가능이 없습니다. 저는 문제가 생길 때마다 주님을 바라보고 주님께 구하는 삶을 살게 되었습니다. 하나님께 기도하고, 주님이 주시는 지혜로, 주님이 열어 주시는 길로 가는 것이 흔들리거나 넘어지지 않는 가장 좋은 방법임을 알게 되었습니다.

그러던 중 저는 주님과 더욱 친밀해지고 싶었습니다. 주님 음성을 더 잘 분별하고 싶어졌습니다. 그렇지만 저는 주님 음성을 듣는 훈련이 안 되어 있었습니다. 그러다 보니 기도할 때마다 혼자 벽을 보고 중얼거리는 것 같기도 하고 따분하기까지 했습니다. 어쩌다 누가 주님 음성을 들었다고 하면 저는 그게 너무 부러워 배가 아플 지경이었습니다. 결국 저는 큰 각오를 했습니다. 혼자 기도실에 들어가서 주님 음성을 듣겠다고 작정한 것입니다. 두 손을 모으고 무릎을 꿇은 채 이렇게 기도드렸습니다.

"주님 제게도 한 번만 음성을 들려주세요. 그럼 주님이 말씀하실 때까지 기다릴게요. 주님이 목소리 들려주실 때까지 저 이 방 안 나갑니다!"

그렇게 한참 동안 기도실에 앉아 있었습니다. 5분이 지나고 10분이 지났습니다. 역시 제 귀에는 아무 소리도 들리지 않았습니다. 죄 없는 다리만 저려 왔습니다. 하나님께 너무 섭섭했습니다. '역시 주님은 내게는 음성을 들려주지 않으시려보다' 하는 실망감으로 포기하려고 눈을 떴는데, 순간 마음속에 이런 생각이 들었습니다.

"진숙아, 모으고 있는 손을 펴 봐. 손바닥에 주름이 많이 잡혀 있지? 네가 세상에 태어나기도 전에 네 손에 있는 그 많은 주름을 다 내가 잡아 놓았단다. 엄마는 너를 낳아 주셨지만 그 주름은 내가 잡아 놓았지. 네 모든 것을 내가 만들었단다. 나는 너를 너무나 잘 알고 있단다."

제가 기대했던 귀에 들리는 소리는 아니었지만, 그날 주님은 제 마음속으로 말을 걸어오셨습니다. 그리고 그때 마음 깊이 깨달은 것이 있습니다. 하나님은 귀에 대고 소리로 말씀하시는 분이 아니시라는 것, 그러나 나는 주님의 양이기 때문에 내 영혼은 목자이신 주님의 음성을 구별하여 들을 수 있다는 것입니다. 그 후 나는 언제든지 내 안에 계신 주님의 음성을 들을 수 있다는 사실을 깨달았습니다. 그 사실이 너무 감사해서 뛸 듯이 기뻤습니다.

···　　매 순간 주님 뜻을 묻자 생명이 흘렀습니다

저는 그 일 이후로 주님과 훨씬 더 친밀해졌습니다. 더는 혼자 중얼거리는 기도를 하지 않았습니다. 기도 중에 주님께 묻기도 하고 또 주시는 마음에 대답하기도 하는, 이야기를 나누는 것 같은 기도를 드리게 되었습니다. 길을 가다가도, 때로 누군가를 만나면서도 저는 수시로 주님께 물었습니다. 또 주님 주시는 감동을 따라 제 행동이나 계획을 바꾸기도 했습니다.

그러자 삶의 많은 부분에서 변화가 일어났습니다. 특별히 제 말의 내용과 표현 방법에 큰 변화가 생겼습니다. 누군가가 제게 조언을 구할 때면 먼저 '주님, 이 문제를 어떻게 생각하세요? 뭐라고 이야기를 해 줘야 이 친구에게 도움이 될까요?' 하고 속으로 기도했습니다. 그러면 제 생각이나 기준과는 전혀 다른 새로운 생각이 떠오르곤 했습니다. 주님께 받은 마음으로 나누는 이야기는 영혼을 소생시키는 힘이 있었습니다. 제 생각과 입술을 주님께 내어드리니 주님의 마음이 저를 통해서 함께 있는 사람들에게 흘러가게 되었습니다. 정말로 놀라운 순간들이었습니다. 매 순간 제 지혜가 아니라 하나님의 지혜로 살아가는 것 같은 느낌이 들었습니다.

또 이전에는 제 견해로 남들을 쉽게 판단하고 정죄했는데 이제는 그렇게 하고 싶어도 할 수 없게 되었습니다. 그들 또한 주님이 무척 사랑하시는 귀한 자녀라는 마음을 주셨기 때문입니다. 그리고 그런 정죄의 말을 하고 나면 제 영혼이 너무 괴로워서 차라리 아무 말을 하지 않는 편이 낫겠다는 생각이 들었습니다. 저는 참 직설적이고 일 중심적인 사람이었는데, 주님 때문에 제 성격 자체가 바뀌어 갔습니다.

주님을 의식하고 살기 시작하면서 주님 앞에 죄송한 말들이 있음을 알게 되었습니다. 주님을 모르는 사람에게는 아무 문제가 되지 않을 말입니다. 저도 그동안은 아무 생각 없이 내뱉던 말이었습니다. 예를 들어 이런 말들입니다.

"이 일은 우리한테 불가능해."

"이런 일이 일어나지 않았으면 참 좋았을 텐데."

"이거 큰일 났는데, 어쩌지?"

주님을 의식하기 전에는 저도 정말 몰랐습니다. 후회와 불안이 섞인 이런 말들이 사실은 주님을 믿지 못해서 하는 말이라는 사실을요. 그런데 이제는 주님의 살아 계심을 인정하지 않고 하는 말들, 주님의 능력을 제한하는 말들, 믿음 없는 말들을 하고 나면 사람의 눈치가 아니라 주님께 눈치가 보입니다. 그래서 이런 말을 하고 나면 곧바로 주님께 "앗! 내가 주님께 실수했구나. 주님 죄송해요" 하고 잘못을 고백합니다.

일터에서도 매 순간 주님께 지혜와 능력을 구해야 할 일들이 너무나 많습니다. 저는 스무 살 이후로 정말 많은 아이에게 노래를 가르쳤습니다. 제가 만난 아이들은 정말 다양했습니다. 음을 전혀 잡지 못해서 노래의 시작부터 끝까지 한음만 내는 아이도 있었고, 대회마다 1등을 놓치지 않는 아이도 있었습니다. 저는 이 아이들을 만날 때마다 매번 기도했습니다.

"주님, 어떤 방법으로 지도해야 이 아이가 더 아름다운 소리를 낼 수 있을까요? 어떻게 설명하면 아이들이 더 쉽게 이해할 수 있을까요?"

아무리 가르쳐도 변화가 없는 어려운 수업이 있습니다. 그럴 때 하는 최후의 기도가 있습니다.

"주님이 이 아이를 만나게 해 주셨잖아요. 그리고 이 아이를 지도하는 선생으로 저를 세워 주셨잖아요. 그러니까 제가 이 아이를 잘 가르칠 수 있는 지혜도 함께 주세요."

처음에는 그저 생활비를 벌려고 시작했던 레슨이었지만 아이들을 잘 지도할 수 있도록 매 순간 주님께 지혜와 방법을 구하면서 가르쳤습니다. 그러자 아이들의 실력이 점차 늘기 시작했고 이름 있는 콩쿠르에도 도전했습니다. 각 대회마다 제가 가르친 많은 아이가 입상했습니다. 콩쿠르를 마치고 나면 피아노학원 원장 선생님들의 러브콜을 받기도 했습니다. 주님 주시는 지혜로 가르치니 언제부터인가 부산

동요계의 인기 강사가 되어 있었습니다.

저는 지금도 합창단에서 아이들을 지도하고 있습니다. 그때 수많은 아이를 만나 소리를 다듬고 재능을 끌어낸 경험이 지금 제 삶에 얼마나 큰 자산이 되고 있는지 모릅니다. 주님이 맡기신 일이 작아 보일지라도 힘껏 기도하면서 최선을 다하면 언젠가 반드시 삶에 부메랑이 되어 돌아오는 것을 느낍니다. 돌아보면 제 인생의 어느 한 귀퉁이도 의미 없는 시간은 없었습니다.

··· 세상이 온통 사랑의 선물입니다

대학 시절 일주일간의 겨울 수련회를 마치자마자 지독한 감기에 걸렸습니다. 저는 그때 보름 정도 세상과 단절된 채 집에서 말씀 읽기와 기도만 하며 지냈습니다. 수련회에서의 일상이 그대로 집으로 이어진 것 같았습니다. 아침에 일어나서 말씀을 보고 기도하고 밥 먹고 또 기도하기를 반복했습니다.

주의 말씀이 꿀처럼 달다는 시편 구절은 진짜였습니다. 마치 제가 성경 속에 들어가서 살고 있는 것 같기도 했고, 성경 말씀이 튀어나와서 제 삶에 실재가 되는 것 같기도 했습니다. 그렇게 보름이 지나고 몸이 한결 나아져서 집 밖으로 나갔던 날을 잊을 수가 없습니다. 매일 보던 하늘인데, 매일 듣던 새 소리인데, 매일 보던 나뭇잎인데 모든 곳에 하나님의 사랑과 숨결이 담겨 있었습니다. 영혼의 눈이 밝아지니 익숙하던 세상이 이전과는 전혀 다르게 보였습니다. 제 마음에 이런 생각들이 가득 들어찼습니다.

'나무의 푸른 잎이 빨갛게 물드는 때나 나무가 꽃을 피우는 때는 누가 정하는 거지? 열매들은 누구 먹으라고 열리는 것이며, 꽃들은 누구 보라고 피는 것이지?"

저는 그제야 알았습니다. 저를 둘러싼 모든 것이 주님이 준비한 사랑의 선물임을 말이지요. 바람에 나뭇잎들이 흔들리며 부딪치는 소리에도, 새가 지저귀는 소리에도 저를 향한 주님의 사랑의 속삭임이 가득했습니다. 저는 사과를 먹으면서도 하나님이 지으신 그 맛에 감탄했습니다. 제철 과일을 보면서도 계절마다 우리에게 필요한 영양소를 가득 채운 주님의 섬세한 배려와 사랑을 느꼈습니다. 우스꽝스러운 물고기나 동물을 볼 때면 하나님의 유머에 웃음이 났고, 노을이 지는 하늘과 그 뒤로 이어지는 밤하늘의 색깔에 감탄했습니다. 밤에는 잠을 잘 수 있게 빛을 거두시고, 아침에는 일어나서 활동할 수 있게 온 세상을 밝혀 주시는 그 모든 세상의 흐름이 우리를 위한 하나님의 선물이었습니다.

이런 것들을 깨닫고 나니 이전에는 그냥 지나쳤던 자연의 구석구석이 살아서 저에게 말을 걸어오기 시작했습니다. 여기를 봐도 저기를 봐도 온통 주님의 사랑과 그분의 손길이 가득했습니다.

"네 모든 것을 내가 만들었단다.

나는 너를 너무나 잘 알고 있단다."

나를 둘러싼 모든 것이 주님이 준비한

사랑의 선물입니다.

널 위해

아침 해가 누굴 위해 뜨는지
부는 바람은 누굴 위해 부는지
저 푸른 하늘과 아름다운 바다는
누구를 위해 있는지

지저귀는 새가 무엇을 노래하는지
흔들리는 나뭇잎들은 무엇을 속삭이는지
밤하늘 가득한 저 별은
누굴 위해 반짝이는지

이 모든 것 다 널 위한 주님의 사랑
이 모든 것 다 널 위한 사랑의 노래
주께서 널 위해 만물을 지으시고
널 향한 사랑을 전하시네

보이지 않는 주님의 사랑이
늘 너를 감싸 안고 있음을
날마다 뜨는 저 태양처럼
변함없는 주의 사랑이

하나님을 믿지 않는 사람들에게 하나님의 사랑을 전하고 싶어서 만든 곡입니다. 어떻게 하면 가장 쉽게 하나님의 사랑을 전할 수 있을지 고민하던 중 바로 겨울 수련회 후 그날이 떠올랐습니다. 자연 속 가득한 하나님의 사랑에 깊이 잠겼던 그날을 되새기며, 우리를 둘러싸고 있는 자연을 통해 하나님의 사랑을 전하면 좋겠다는 마음이 들었습니다. 그래서 그날의 이야기를 가사로 옮겼습니다.

가사를 쓰면서 이 곡을 듣게 될 영혼들을 위해 간절히 기도했습니다. 그들에게 이렇게 이야기해 주고 싶습니다.

"아침 해는 바로 당신을 위해 뜬답니다. 보이지 않지만 우리를 감싸고 있는 공기가 존재하는 것처럼, 보이지 않지만 분명 존재하는 주님의 사랑이 당신을 늘 감싸고 있어요. 단 하루도 빠짐없이 뜨고 지는 저 태양처럼 당신을 향한 주님의 사랑은 변함이 없어요. 이 노래를 듣는 당신이 하나님의 사랑 안에 푹 잠겼으면 좋겠습니다."

··· *Part 2*

네 삶은 온통 다 내 것이란다

엉망으로 사는 것보다
내려놓는 게 낫잖아요

··· 　열심히 내 마음대로 살았습니다

주님과 친밀한 삶을 살게 되면서 항상 즐거운 순간만 있었던 것은 아닙니다. 주님을 마음에 모시고 함께 살아가는 동행을 배우면서 내 계획과 뜻대로 살았던 예전의 나와, 그런 나를 변화시켜 가시는 주님 사이에서 갈팡질팡하는 순간들이 많았습니다.

주님은 우리를 늘 인격적으로 대해 주고 기다려 주시는 분입니다. 그런 주님이시기 때문에 제 삶의 주도권을 강제로 빼앗거나 요구하지는 않으셨습니다. 하지만 제 마음대로 살 때마다 번번이 실패하고는 결국 원점으로 되돌아가는 제 모습을 발견하곤 했습니다. 주님의 음성을 외면할 때면 늘 마음 한쪽이 불편했고 온전한 기쁨을 누리지 못했습니다.

때때로 '주님은 우리에게 자유의지를 주셨으면서 왜 자

꾸 다시 반납하라고 하시는 것 같지?' 하는 불평도 생겼습니다. 하지만 제 결론은 늘 주님이었습니다.

'내가 주님 음성에 따라 순종하지 않고 내 마음대로 살면 내 삶은 이렇게 늘 제자리걸음이겠구나. 주님께 내 욕심을 내려놓고 순종하는 일은 정말 힘들지만 그렇다고 한 번 사는 인생을 엉망으로 사는 건 더 끔찍한 일이야!'

아무리 보아도 주님이 이끄시는 삶의 결과가 비교할 수 없이 더 좋았기 때문에, 결국 저는 제 삶의 주인 자리에서 내려오는 결단을 했습니다. 그 후로 저는 스스로 '내려놓음 훈련소'에 입소했습니다.

저는 대학 시절 소위 말하는 모범생이었습니다. 장학금을 놓친 적이 없습니다. 밤늦게까지 연습도 열심히 했고, 틈틈이 생활비도 벌었습니다. 하루는 "주님 제 시간의 80퍼센트는 공부하는 데 쓰고, 10퍼센트는 교회에서, 나머지 10퍼센트는 CCC에서 훈련받는 시간으로 쓰겠습니다!"라고 당당하게 말씀드렸습니다. 그날 기도 중에 주님은 제가 한 번도 생각지 못했던 말씀을 하셨습니다.

"그 시간은 사실 다 내 것이란다."

저는 깜짝 놀랐습니다. 저는 제게 주어진 시간이 당연히 내 것이라고 생각했습니다. 그런데 그조차 내 것이 아니었습니다. 사람들이 잘한다고 칭찬하던 모범생의 삶도 사실 '내 마음대로 사는 삶'이었습니다. 제 삶의 방향키를 제가 쥐고 있었던 것입니다. 주님은 그런 제 삶이 얼마나 흔들리고 험난할지를 이미 다 아셨습니다. 그래서 제 모든 시간과 삶의 우선순위를 주님 앞에 내려놓고 인도받기를 원하셨습니다.

"주님, 제게 주신 시간으로 제가 하고 싶은 것들을 하면서 살고 싶지만 이제 다 주님께 올려 드려요. 주님 제 시간을 통해 주님이 기뻐하시는 일을 할 수 있도록 어떻게 시간을 써야 할지 제게 알려 주세요"

··· 음악보다 주님이 더 좋습니다

하나님께 극적인 고백을 올려 드린 후 제 삶은 겉보기에 아무런 차이가 없었습니다. 이전과 똑같은 일상을 사는 것 같았습니다. 하지만 제 안에서는 엄청난 변화가 일어났습니다. 제 시간을 주님께 올려 드리고 나자 삶의 모든 영역에서 동기와 목적이 바뀌게 된 것입니다.

그리고 제가 절대로 포기할 수 없다고 생각했던 음악에 관한 일에서도 내려놓음의 훈련은 계속되었습니다. 그전에는 '주님이 나 음악 못 하게 막으시고 오지에 선교사로 보내시면 어떡하지? 음악을 못 하게 되면 나는 못 살 것 같은 데…' 하는 막연한 두려움이 항상 있었습니다. 음악은 제게 보물과도 같았고 시간이 지날수록 좋아하는 감정을 넘어서서 제 우상이 되어 버렸습니다. 그런데 주님의 사랑을 깊이 알아 가면서 내가 좋아하는 것에만 두었던 시선을 주님의 마음이 있는 곳으로 돌리게 되었습니다.

어느 날 문득 그런 생각이 들었습니다.

'주님이 정말 기뻐하시는 길이 있다면, 이제는 굳이 음악이 아니어도 괜찮을 것 같아.'

주님이 요구하지는 않으셨지만 제 전부였던 음악까지 내려놓는 순간이 찾아왔습니다. 그리고 주님께 이렇게 고백했습니다.

"주님, 저 이제 음악 꼭 안 해도 괜찮아요. 주님이 인도해 주시는 길이라면 어디든지 갈게요."

여전히 저는 음악을 배우고 가르칩니다. 온 인생을 음악에 파묻은 채 살아가고 있습니다. 주님은 제 보물인 음악을 올려 드린 제 손에 그대로 다시 음악을 쥐어 주셨습니다. 주님은 이렇게 말씀하셨습니다.

"네게 음악을 좋아하는 마음을 준 게 바로 나란다. 내가 너에게 피아노와 노래를 배우게 했단다. 어려운 형편 속에서도 음악을 계속 할 수 있도록 바로 내가 그 길을 열었단다."

사실 제게 '음악'이란 선물을 주신 분은 주님이십니다. 그런데 저는 그 선물을 너무 좋아하게 된 나머지 그것을 잃게 될까 봐 두려워서 꽉 움켜쥐고 있었던 것입니다. 그런데 이제 주님이 너무 좋아지니 자연스럽게 그 손을 놓을 수 있게 되었습니다. 내려놓기 전에는 나의 성공과 만족을 위해 음악을 했습니다. 그런데 내려놓고 나니 음악은 하나님 나라를 위해 죽어가는 영혼을 살리는 도구가 되었습니다.

음악은 참으로 영적인 활동입니다. 음악은 사람의 영혼을 살리기도, 죽이기도 합니다. 이 사실을 알게 되면서부터 저는 하나님의 편에 서서 생명을 살리는 '하나님의 음악가'가 되겠다는 비전을 품게 되었습니다. 그렇게 하나님의 음악가로 살아가기 위해 맨 처음 통과해야만 했던 훈련이 바로 음악을 내려놓는 일이었습니다.

인생에 불평이 생겼을 때도,

포기할 수 없는 것을 두고 고민할 때도

언제나 결론은 주님이었습니다.

내려놓음

주님 내게 나를 비우라 말씀하시네
너의 자아가 가득 차서
너를 사용할 수 없노라
나는 나를 다시 주 앞에 내려놓네
주의 사랑과 능력이
내 삶에 나타날 수 있도록

주님 때론 나를 절벽으로
절망으로 몰아가시네
아무것도 의지할 수 없을 때
그때 나는 주의 능력을 보네

내 힘만 의지하고 섰을 때
볼 수 없었던 그 능력을
나를 포기하고 섰을 때
나를 통하여 드러내시네

너를 쓰고 싶은데 네 자아를 내려놓을 수 있겠니

저는 노래를 잘하고 싶은 마음이 컸습니다. 그리고 늘 내가 잘하는 것이 주님의 영광을 드러내는 것이라고 믿었습니다. 그런데 하나님은 그런 제 마음 때문에 저를 사용하기가 어렵다고 하셨습니다.

내려놓는 것을 배워 가던 해, 크리스마스 칸타타에서 솔로를 맡았습니다. 그런데 심한 감기에 걸려서 목소리가 하나도 나오지 않았습니다. 정말 속상하고 화가 났습니다. 겨우 소리를 내어 칸타타를 마치고 너무 부끄러운 나머지 황급히 집으로 돌아가려는데, 나이 많은 권사님이 제게 오시더니 제 손을 꼭 잡으면서 말씀하셨습니다.

"자매님, 오늘 너무 큰 은혜를 받았어요!"

그분의 얼굴은 행복한 미소로 가득했습니다. 그 순간 제 마음을 스치고 지나가는 목소리가 있었습니다.

"네가 노래를 잘한다고 내가 역사하는 것도 아니고, 네가 노래를 못했다고 해서 내가 역사하지 않는 것도 아니란다."

하나님의 역사는 그저 나를 있는 그대로 온전히 내어드릴 때, 주님이 나를 통해 이루시는 것임을 깨닫게 되었습니다.

집으로 돌아가는 길에 눈물이 났습니다. 주님의 일을 한다고 하면서도 여전히 사람에게 인정받기를 원하는 내 모습, 아직도 자아를 꼭 끌어안고 주님을 따르려 하는 저를 보게 되었습니다. 주님은 그날 제게 이렇게 말씀하셨습니다.

"내 사랑과 능력을 흘려보내는 통로로 내가 너를 사용하고 싶은데, 네 자아를 내려놓을 수 있겠니?"

··· 하루아침에 직장을 잃었습니다

대학 졸업을 두 달 앞두고 저는 시립합창단에 들어가기 위해 오디션을 봤습니다. 당시 합창단 모집 인원이 여섯 명이었는데 지원자만 200명이 넘었습니다. 엄청난 경쟁률이었습니다. 하지만 주님이 붙여 주기로 결정하신 자리에 경쟁률은 아무 상관이 없었습니다. 주님의 인도하심으로 저는 합창단에 합격했습니다.

합창단 생활은 그리 녹록치 않았습니다. 사회 경험이 한 번도 없어 미숙하기도 했고, 실력 면에서도 선배들을 겨우 따라가는 정도였습니다. 그렇지만 연습 때마다 선배들의 아름다운 목소리와 멋진 하모니를 들으며 저는 합창의 매력에 푹 빠져들었습니다. 합창단에서 다양한 곡들을 접하고 공연하면서 제 음악적 자양분도 많이 쌓여 갔습니다. 사실 저는 안정적인 직장으로써 합창단에 지원했던 것이지 합창이 하고 싶었던 것은 아니었습니다. 하지만 지휘자로 살아가는 지금의 삶에서 돌아보면 그 시간은 실무 경험을 통해 저를 훈련시키셨던, 주님의 선물 같은 시간이었습니다.

직장 생활을 처음 시작하면서 제게는 한 가지 목표가 생겼습니다. 언젠가 기회가 된다면 꼭 유학을 가고 싶었습니다. 그러려면 유학 자금이 필요했습니다. 저는 합창단에서 버는 월급을 한 푼도 쓰지 않고 고스란히 모으기 시작했습니다. 이제껏 저는 광야에서 그날그날 받은 만나와 메추라기로 살아왔는데, 통장에 쌓이는 돈을 보니 비로소 정착해서 안정감을 누리는 기분이 들었습니다. 마치 가나안에 들어간 것 같았습니다.

그렇게 2년의 시간이 흘렀고 합창단에서는 단원 재 오디션을 보았습니다. 재 오디션은 2년에 한 번씩 기존 단원들을 재평가하는 것으로, 입단할 때처럼 시험을 봅니다. 저는 그해 재 오디션에서 떨어졌습니다. 하루아침에 직장을 잃었습니다. 너무나 허탈했습니다. 이제 앞으로 돈은 어떻게 벌어야 할지, 주변 사람들에게는 뭐라고 말해야 할지 걱정이 됐습니다. 특히 엄마가 크게 실망하실 것 같았습니다.

그런데 절망이 몰려오는 동시에 갑자기 이런 마음이 들었습니다.

'지금이 바로 주님께 내 믿음을 보여드릴 수 있는 절호의 기회야! 주님은 나에게 언제나 가장 좋은 것을 주시는 분이잖아. 어차피 나중에 결국 감사드리게 될 텐데 절망은 잠시 접어 두고 미리 당겨서 감사드리자!'

말이 안 되는 것 같은 이야기지만, 놀랍게도 그런 믿음의 반응이 제 안에서 일어났습니다. 불합격 통보를 받은 바로 그날 저는 무릎을 꿇고 주님께 믿음으로 감사 기도를 드렸습니다.

"제게 늘 가장 좋은 것만 주시는 주님, 지금도 이것이 제게 가장 좋은 선물이지요? 저는 앞이 캄캄하지만, 그래도 믿음으로 감사할게요! 주님 감사합니다!"

그리고 주님께 덧붙였습니다.

"주님 그런데 저 이전보다 더 좋은 곳으로 보내 주실 거죠? 그러려고 이렇게 떨어뜨리신 거 맞죠? 저는 그것도 믿습니다!"

주님은 감사할 수 없는 상황에도 믿음으로 감사하는 제 기도를 매우 기뻐하신다는 마음을 주셨습니다. 그리고 기도를 하는 도중에 저에게 놀라운 평안을 부어 주셨습니다. 그 날 저는 직장을 잃었지만 곧바로 주님이 열어 주실 새로운 길을 기대했습니다.

그 후로 어려움이 찾아오거나 예상 밖의 일이 일어나서 놀랄 때면 저는 믿음을 가지고 먼저 감사를 드리려고 노력합니다. 사탄은 제가 낙담하고 주저앉는 것을 원하겠지만 저는 선한 목자이신 주님이 이끌어 가시는 길이 가장 좋은 길임을 믿습니다.

믿음의 기도를 드리는 순간 저는 놀라운 경험을 합니다. 마치 하나님의 손을 꼭 잡고 눈앞의 모든 상황을 뛰어넘어 믿음으로 날아오르는 것 같은 기적을 말이지요.

믿음이 필요해

하루하루 삶이 너무 버거울 때
반복되는 좌절 속에 실망할 때
내 생각과는 다른 길이 열릴 때
우리에겐 믿음이 필요해

믿음이 필요해 믿음이 필요해
주님 사랑의 팔로 우리를 안고 계심을
믿음이 필요해 믿음이 필요해
우리 작은 삶 하나도 놓치지 않으심을

사랑하는 사람들을 잃었을 때
정든 곳을 등지고 부르심 따라갈 때
끝이 없는 터널 같은 어둠 속에
우리에겐 믿음이 필요해

믿음이 이기네 믿음이 이기네
주 예수를 믿음이 온 세상 이기네

주님이 주신 사랑을 세어 보세요

살아가면서 믿음이 필요한 순간을 자주 만납니다. 그럴 때면 저는 눈앞에 있는 상황에 초점을 맞추지 않고, 주님이 지금까지 나를 얼마나 사랑해 주셨는지 그분의 사랑을 더욱 깊이 생각합니다. 또 지금까지 내 삶을 얼마나 완벽하게 인도해 주셨는지 지나온 삶의 길을 되돌아봅니다. 그러면 주님을 향한 견고한 믿음이 생깁니다. 내 문제를 뛰어넘는 믿음의 감사를 드리게 됩니다.

주님은 늘 내 자리를 옮기시고 더 큰 축복으로 향하게 하십니다. 인간적인 제 눈에는 그 과정이 그저 시련으로 보일 때도 많았습니다. 하지만 돌아보면 주님은 언제나 저에게 가장 좋은 것만 주셨습니다. 그런 주님을 향한 흔들리지 않는 믿음만 있다면 험한 세상에서도 넉넉히 승리할 수 있으리라 확신합니다.

그래서 우리에게는 항상 믿음이 필요합니다.

···　　허허벌판에서 주님만 붙잡는 법을 배웠습니다

어느 날 합창단 선배로부터 교회 1부 예배 찬양대 지휘 제안을 받았습니다. 그때는 지휘 경험도 없었고 나이도 어려서 고민이 되었습니다. 하지만 전공자로서 음악 사역을 제대로 해 보고 싶다는 마음에 그 제안을 감사히 승낙했습니다. 그렇게 저는 스물다섯 살에 찬양대 지휘자가 되었습니다.

제가 지휘자로 부임할 당시 찬양대는 새롭게 창단을 하는 상황이었습니다. 대원은 다섯 명밖에 없었습니다. 첫 연습 때 저는 너무나 놀랐습니다. 분명 다 같이 한 멜로디를 불렀는데 다섯 개의 다른 음정이 들리는 것이었습니다. 이 상태로는 성도들 앞에서 매주 다른 곡으로 찬양을 드리는 것이 불가능해 보였습니다. 저는 토요일마다 추가 연습을 하기로 했습니다.

토요일 연습은 1대 1 개인지도로, '도레미파솔' 음정을 맞추는 훈련과 발성 연습이었습니다. 저는 주말에 시간을 내준 찬양대원들에게 감사한 마음에 연습 때마다 간식을 만들어 갔습니다. 대학 시절 CCC 순원들에게 싸 주었던 도시락처럼 샌드위치도 만들고 유부초밥도 만들어 가져갔습니다.

당시 제가 바란 것은 단 하나, '음정만 맞추자'였습니다. 그런데 제 열정과는 달리 연습은 쉽지 않았습니다. 그러던 중 한 남자 집사님이 연습이 무의미하게 느껴졌는지 그러셨습니다.

"아니, 우리한테 주말이 이런 거나 하라고 있는 줄 아십니까?"

그러고는 연습실에서 휙 나가 버리셨습니다. 아내 되시는 여자 집사님도 아주 난감한 얼굴로 "우리 남편 좀 용서해 주이소" 하고는 따라 나가셨습니다.

반주자와도 문제가 생겼습니다. 당시 반주자가 피아노 전공자가 아니었고 함께하는 연습시간까지 부족하다 보니 노래와 반주가 서로 잘 맞지 않았습니다. 게다가 주일 아침 연습 때는 시간이 너무 부족해서 반주와 노래를 따로 지도

할 시간이 없었습니다. 아무래도 도움이 필요할 것 같아서 제가 먼저 피아노를 쳐서 반주와 표현을 보여드리며 참고 하시도록 했습니다. 그런데 예배 시간이 다가오자 반주자는 "기껏 봉사하러 온 사람을 세워 놓기만 하다니 이게 뭐 하는 거예요? 내가 무슨 병풍인 줄 알아요?" 하며 제게 버럭 화를 내셨습니다.

그런 일들을 겪다 보니 기도 없이는 도무지 찬양대 사역을 감당할 수 없었습니다. 주님이 맡기신 자리를 잘 감당할 수 있도록 해 달라고 간절히 기도했습니다. 그리고 음악을 지도하는 것은 물론 관계에서의 지혜를 주님께 구했습니다. 그랬더니 신기하게도 기도를 하면 할수록 찬양대원 한 분 한 분이 너무 소중하게 느껴졌습니다. 그들을 사랑하는 마음이 생겼습니다. 그때부터 저는 사랑으로 그들의 소리를 지도할 수 있게 되었습니다. 그런 제 마음을 아셨는지 대원들은 마침내 아름다운 소리로 화답해 주었습니다.

어느 날 예배 후 무뚝뚝해 보이는 집사님 한 분이 저를 찾아오셨습니다.

"내가 누리엘 찬양대 찬양 들으려고 매주 아침 일찍 1부 예배를 드리러 오고 있어요."

그 얘기를 듣자마자 눈물이 나올 것만 같았습니다. 그동안의 고생이 주마등처럼 지나갔습니다. 돌아보니 찬양대도 성장했지만 저 또한 많이 성장해 있었습니다. 허허벌판 같은 곳에서 주님만 붙잡는 법을 배웠습니다. 또 힘들 때는 기도로 자리를 지켜야 한다는 것을 배웠습니다. 무엇보다 리더로서 공동체를 아름답게 세워 가는 가장 큰 비결이 기도임을 깨달았습니다.

··· 주님은 일방적으로 지시하지 않으십니다

부활절을 앞두고 칸타타를 준비하게 되었습니다. 대부분의 성가곡은 4성부로 되어 있었기 때문에 적은 인원으로 소화하기에는 무리가 있었습니다. 저는 소규모 찬양대가 부를 곡을 찾느라 오랫동안 수십 권의 악보를 쌓아 두고 곡을 고르기 위해 고심했습니다. 그런데 어디에도 열 명 남짓한 우리 찬양대가 소화할 수 있는 곡은 보이지 않았습니다. 온종일 도서관에서 씨름을 한 뒤 주님께 기도드렸습니다.

"주님 이렇게 힘들게 곡을 찾는 것보다는 차라리 제가 직접 작곡하는 쪽이 훨씬 빠를 것 같아요."

그렇게 저는 도서관에 앉아서 펜을 들고 곡을 쓰기 시작했습니다. 저는 당시 히즈윌 음반 수록곡을 작곡하고 있었지만, 합창곡은 한 번도 써 본 적이 없었습니다. 성가대가 부를 합창곡까지 작곡할 수 있을 것이라고는 상상조차 하지 못했습니다. 그래서 간절히 주님께 도움을 구하고 곡을 쓰기 시작했습니다. 주님은 제게 영감을 부어 주셨고, 그날 하루 만에 저는 소규모 부활절 칸타타를 작곡했습니다. 그리고 바로 다음 날 교회로 가져가서 성가대원들과 연습했습니다.

이 일은 제 인생에 큰 전환점이 되었습니다. 제 꿈이었던 '바흐처럼 사는 삶'은 그렇게 시작되었습니다. 저는 매주 찬양대가 부를 합창곡을 작곡했습니다. 우리 찬양대는 매주일 전 세계 최초 연주로 하나님께 찬양을 드렸습니다. 그것은 저와 대원들에게 큰 행복이었습니다.

우리 찬양대는 한 달에 한 번씩 주일 저녁마다 가족 모임을 했습니다. 돌아가며 서로의 집으로 대원들을 초대해서 함께 식사했습니다. 우리는 초대받은 가정에 선물로 향초를 사 가곤 했습니다. 식사를 마친 후 촛불을 켜고 집사님 부부의 연애 이야기, 어린 시절 자라 온 이야기, 그리고 요즘 겪고 있는 마음속 어려운 이야기들을 함께 나누었습니다. 우리는 점점 가족같이 끈끈한 관계가 되었습니다. 그 시절은 제 삶에서 가장 행복했던 순간 중 하나입니다.

가끔 '이거 한번 해 볼까?' 하는 생각이 듭니다. 이런 생각은 주님이 제 지경을 넓히실 때마다 제게 주시는 신호입니다. 주님은 일방적으로 "이거 해라!"라고 지시하지 않으십니다. 오히려 '이거 한번 해 볼까?' 하는 생각을 하게 하시고 스스로 결정할 때까지 기다려 주십니다. 혹시 삶에서 그런 생각이 스쳐 지나가거든 꼭 한번 믿음으로 도전해 보기를 바랍니다. 시도하지 않는다고 해서 더 나빠질 것은 없겠지만, 시도해 보면 반드시 주님이 예비하신 놀라운 선물을 받게 될 것입니다.

찬송

His Will 7 - Part 1

한 걸음

어디서부터 뭘 해야 할지
무슨 일을 어떻게 시작해야 할지
잘하고픈 맘 늘 간절하지만
보이지 않는 길에 그저 막막할 때

한 걸음 또 한 걸음 믿음으로 내딛자
수많은 두려움은 모두 떨쳐 버리고
한 걸음 또 한 걸음 믿음으로 내딛자
내 안의 주님께서 나를 통해 일하시도록

홍해 앞에서 요단강에서
놀라운 기적 앞에 꼭 필요한 것은
나는 약하고 나는 못해도
능력의 주님 향한 믿음의 한 걸음

못한다고 하지 마
주 너를 도와주시리
안된다고 하지 마
주께 능치 못함 없네

기도하며 맨땅에 헤딩하다 보면 주님이 하십니다

제 믿음의 여정은 그야말로 '맨땅에 헤딩'이었습니다. 합창단도 그렇고, 제가 하는 일들은 하나같이 무에서 유를 창조하는 일이었습니다. 이미 만들어져서 잘 조직된 일을 인계받아 해 본 적은 한 번도 없었습니다. 저는 늘 그런 길로만 저를 이끄시는 주님께 섭섭했습니다.

주님은 항상 아무것도 없는 허허벌판에 저를 데려다 놓으셨습니다. 저는 그곳에서 밭을 갈고 씨를 뿌리는 작업부터 해야 했습니다. 제가 하는 일들은 보통 선례가 없었기 때문에 조언을 구할 사람도 없었습니다. 어디로 가야 할지, 어떻게 해야 할지 늘 한 치 앞이 막막했습니다. 그래서 늘 주님께 기도할 수밖에 없었습니다. 그렇게 기도하며 맨땅에 헤딩하다

보면 주님은 내 생각을 뛰어넘는 놀라운 사역을 펼쳐 가셨습니다. 기도로 초석을 다듬는 수많은 훈련을 통해 이제 제 전공은 맨땅에 헤딩이 되었습니다.

'한 걸음'이라는 곡을 쓸 때가 코로나19 바이러스가 퍼진지 1년이 되었을 무렵이었습니다. 전에 없던 바이러스의 공격으로 많은 성도가 영적으로 무기력하고 막막한 상황에 놓이는 것을 봤습니다. 저는 그런 분들의 '믿음의 한 걸음'을 응원하고 싶었습니다. 우리가 못하면 주님이 도와주시고 안 되는 일처럼 보여도 주님께는 능치 못할 일이 없습니다. 우리 함께 믿음의 한 걸음을 내딛어 봅시다!

···   믿음을 은사로 받았습니다

히즈윌 2집 음반이 판매되면서 제 통장에는 또다시 돈이
모이기 시작했습니다. 저는 돈이 모이면 무조건 깨뜨리는
훈련을 받은 터라, 이 돈을 또 어디에 깨뜨려 써야 할지 무의
식적으로 찾게 되었습니다.

언제부턴가 교회 본당에 있는 그랜드 피아노가 눈에 들
어오기 시작했습니다. 꽤 오래된 피아노여서 더는 맑고 고
운 소리가 나지 않았습니다. 저는 통장에 모인 돈으로 본당
의 그랜드 피아노를 바꿔드리면 좋겠다는 생각이 들었습
니다.

'주님이 내 선물을 정말 기뻐하시겠지?'

저는 들뜬 마음으로 담임목사님의 사모님을 찾아가 말씀
드렸습니다.

"제가 모은 돈이 있는데, 본당의 그랜드 피아노를 바꾸는데 사용하고 싶어요."

사모님은 갑작스러운 제 이야기에 적지 않게 당황하신 것 같았습니다. 20대 청년이 다짜고짜 본당 피아노를 바꿔 드리겠다고 하니 깜짝 놀랄 만도 하셨을 겁니다. 잠시 후 사모님은 제게 차근차근 상황을 설명해 주셨습니다.

"지금 있는 그랜드 피아노는 장로님께서 헌물하신 거야. 교회의 헌물은 헌물하신 분의 마음도 소중하기 때문에 함부로 바꿀 수는 없단다."

저는 사모님의 말씀에 수긍했습니다. 교회는 많은 성도의 기도로 함께 지어져 가는 곳이라는 것을 알았기 때문입니다. 사모님은 제게 또 이런 이야기를 해 주셨습니다.

"진숙아, 그 돈은 너에게 꼭 필요한 때가 올 거야. 그때가 오면 사용하렴. 하나님이 너에게 특별히 믿음의 은사를 주신 것 같구나."

사실 저는 그때 사모님의 말씀이 '젊은 아가씨가 간이 어찌 그리 크니?' 하는 말로 들렸습니다. 믿음의 은사라는 말도 생소했습니다. 그런 은사가 있었던가 하고 생각했습니다. 단 한 번도 주목해서 보지 않았던 은사였습니다. 그렇지만 사모님의 말씀은 믿음이 필요한 순간마다 떠올랐고,

10년도 더 지난 지금까지 제 마음에 깊이 새겨져 있습니다. 만약 제가 받고 싶은 은사를 스스로 고를 수 있다면 저는 주저 없이 '믿음'의 은사를 고를 것입니다.

그 돈은 어떻게 되었을까요? 고스란히 제 대학원 학비로 사용되었습니다. 만약 그때 피아노를 샀다면 학비가 없어서 대학원에 못 갈 뻔했습니다. 주님은 피아노 선물보다 제가 더 공부해서 재능을 키우기 원하셨나 봅니다.

··· 모든 경험이 지휘자가 되기 위한 준비였습니다

제가 작곡한 두 개의 합창곡이 유명한 성가곡집에 실리게 되어 책과 함께 음반으로 발매되었습니다. 이후 합창계의 대부 윤학원 선생님이 지휘자로 계신 '윤학원코랄'에서 제 곡을 부르기도 했습니다. 분명 내가 쓴 곡인데 지휘자를 통해 작곡자의 의도보다도 더 아름답게 표현되는 것을 듣고 저는 갑자기 이런 생각이 들었습니다.

'혹시 내 부족함 때문에 우리 찬양대가 실력이 더 늘지 않는 것은 아닐까?'

그 생각은 제 마음속에 공부에 대한 갈증을 불러일으켰습니다. 그리고 우리 찬양대를 위해서라도 더 좋은 지휘자가 되기 위해 공부를 해야겠다는 결심을 하게 되었습니다.

그 당시 부산에는 합창지휘를 배울 수 있는 학교가 없었습니다. 결국 공부를 위해서 정든 교회와 집을 떠날 수밖에 없었습니다. 그렇게 주님은 익숙함에 안주하던 저를 일으켜 세우셨습니다. 행복하고 편안했던 부산에서의 생활을 접고 사랑하는 찬양대와 눈물의 이별을 했습니다. 그렇게 저는 합창지휘 공부를 위해 서울로 오게 되었습니다.

대학원에서 저는 열 살씩 어린 두 친구와 함께 기숙사 생활을 하며 열심히 공부했습니다. 박자 감각을 몸에 익히기 위해 메트로놈*을 켜고 그에 맞춰서 걸어 다녔고, 큰 그릇에 물을 가득 채워 거기에 손을 넣어 물을 저으며 레가토** 연습을 했습니다. 합창 음악이 더 듣고 싶어서 잠을 자는 시간이 아까울 정도였습니다.

막상 공부를 시작하긴 했지만, 제게는 지휘할 합창단이 없었습니다. 그래서 기숙사 창밖으로 보이는 하늘과 산과 아파트들을 단원으로 삼아 소프라노, 알토, 테너, 베이스 사인을 주며 연습했습니다. 그때마다 저는 나중에 만나게 될 합창단을 위해 기도하며 정말 좋은 지휘자가 되겠노라 굳게

* 규칙적인 소리를 내서 음악가들이 박자를 정확하게 맞출 수 있도록 돕는 기계.
** 음과 음 사이에 끊어지는 것을 느끼지 않도록 연주하는 것.

다짐했습니다. 하루하루 성실하게 공부하면서 좋은 성적을 받았고, 졸업할 때는 졸업생 대표로 총장상을 받기도 했습니다.

지휘를 공부하면서 '내 천직이 따로 있었구나' 하는 생각이 들었습니다. 아무리 피곤하고 힘들어도 지휘하는 동안은 새 힘이 솟아났습니다. 사람들이 하나가 되어 만드는 하모니는 말할 수 없이 큰 감동을 주었습니다. 하나님이 저를 서울로 보내신 이유가 바로 여기에 있었습니다. 그러고 보면 주님은 그동안 제게 피아노, 작곡, 성악 그리고 수많은 지도 경험을 하게 하셨습니다. 그리고 소리를 끌어내는 훈련을 시키셨습니다. 제가 지휘자로서 갖추어야 할 많은 부분을 미리 배우게 하신 것입니다. 리더십 있는 제 성격과 음반 제작 경험 또한 지휘하는 데 큰 도움이 되었습니다.

그렇게 저는 주님이 주신 마음을 따라 믿음으로 걸음을 떼어 낯선 서울까지 왔고, 이곳에서 평생 하고 싶은 일을 찾게 되었습니다.

··· 나의 첫 합창단 이야기

대학원 기숙사 생활을 하고 있던 어느 날 교회 전도사님으로부터 연락이 왔습니다. 전도사님은 3, 4학년 초등부 예배에 성가대를 구성하고 싶다며 혹시 제가 성가대 아이들을 지도해 줄 수 있는지 물어보았습니다. 당시 저는 지휘가 너무 하고 싶었기 때문에 기숙사와는 먼 거리에 있는 교회였지만 단번에 승낙했습니다. 성가대를 만들기 위해 오디션 일정을 정했고 몇 주 후 심사를 하러 갔습니다. 그런데 그날 오디션에 참석한 어린이는 단 세 명뿐이었습니다. 전도사님은 찬양팀에 지원한 아이들을 설득해서 성가대 오디션을 보게 해 주셨고, 얼떨결에 저와 만난 아이들은 생각지도 못하게 성가대를 하기로 약속했습니다. 그렇게 7~8명의 아이들이 모였습니다.

합창을 처음 해 보는 아이들이라 소리가 들쑥날쑥했고 음정도 잘 맞지 않았습니다. 아이들은 제일 먼저 정확한 음정을 내는 법을 배웠습니다. 몇 명씩 파트를 나누어 화음을 맞추는 연습을 했는데, 화음이 '짠' 하고 맞을 때면 아이들과 저는 온 세상을 다 얻은 것처럼 행복했습니다. 아이들이 만들어 내는 합창 소리가 너무나 맑고 투명해서 마치 깨끗한 물에 제 영혼을 씻는 것 같았습니다. 그래서인지 버스를 두 번이나 갈아타고 한 시간이 넘는 거리를 다니면서도 전혀 힘들지 않았습니다. 아이들의 소리로 저는 오히려 새 힘을 받고 기숙사로 돌아오곤 했습니다.

합창단을 지도하는 내내 저는 이 사랑스러운 아이들과 어떻게 하면 즐겁고 특별한 찬양을 드릴 수 있을까 고민했습니다. 그러던 중 '아이들이 찬양 가사를 직접 써 보면 어떨까?' 하는 생각이 들었습니다. 그리고 가사에 맞게 멜로디를 지어서 함께 노래 부르면 우리만의 특별한 찬양을 주님께 드릴 수 있을 것 같았습니다. 아이들은 진지한 마음으로 가사를 써 왔고, 그 맑고 순수한 가사에 곡을 붙이는 것은 제 큰 즐거움이었습니다. 아이들은 자신들이 쓴 가사로 만들어진 찬양을 부르면서 이전보다 더 열정적으로 노래를 불렀습니다.

그러던 중 우리에게 어려움이 찾아왔습니다. 초등부 3, 4학년 예배를 위해 구성된 성가대였던 우리는 5학년이 되면서 더 이상 함께할 수 없게 된 것입니다. 저와 아이들은 정식으로 합창단이 생겨서 계속 찬양할 수 있게 되기를 기도했습니다. 매주 헌금봉투 기도제목에 합창단을 만들어 달라고 써 내는 친구도 있었습니다. 아이들의 열정을 보시고 교회에서는 결국 3학년부터 6학년까지 함께 찬양할 수 있는 합창단을 창단해 주었습니다. 마침내 우리는 '선한어린이합창단'이라는 이름으로 함께 노래할 수 있게 되었습니다. 그런데 막상 6학년이 되니 또 헤어져야 하는 것이 너무 아쉬웠습니다. 그래서 이번에는 청소년 중창단을 만들었습니다. 청소년이 된 아이들은 합창단에서 변성기와 질풍노도의 사춘기를 함께 보냈습니다. 힘든 시간이 찾아올 때면 많은 고민들을 함께 나누었습니다.

합창단에는 한 명 한 명 자세히 들여다보면 사연이 없는 아이들이 없었습니다.

어느 날 한 아이가 결석을 했습니다. 결석 사유를 듣기위해 아이 어머니와 연락을 했는데, 알고 보니 아이가 합창단 수업을 간다고 하고는 떨어져 지내는 아빠를 만나러 엄마 몰래 나간 것이었습니다. 어머니는 그 일로 아이에게 매를 드셨다며 속상한 마음을 저에게 이야기해 주셨습니다. 저는 생각지도 못한 결석 사유를 듣고는 아이의 마음 아픈 가정 이야기를 알게 되었습니다. 그 후 저는 아이들에게 지휘자 이상의 책임감을 느끼게 되었습니다. 노래를 잘 가르치는 것뿐 아니라 아이들이 주님 안에서 잘 자라나도록 그들의 아픔을 위해 기도하는 것 역시 저를 이곳에 보내신 주님의 뜻임을 깨닫게 되었습니다.

저는 아이들의 고민들과 또 이 아이들을 향한 부모님의 고민들을 함께 들으며 어떻게 조언해 주어야 할지, 어떻게 도움을 주어야 할지 하나님께 지혜를 구했습니다. 기도하면

할수록 아이들에 대한 사랑이 더욱 커져 갔고 그 시간을 통해 이 아이들의 가족이 된 것 같은 마음이 들었습니다.

저의 첫 제자들은 이제 어엿한 대학생이 되었습니다. 제 삶에 하나님께서 주신 큰 축복 중 하나가 바로 이 친구들이 자라나는 모습을 가까이에서 지켜볼 수 있다는 것입니다. 성인이 된 아이들의 모습을 보는 것만으로도 제 가슴은 벅찹니다.

어려움 속에서도 꽃같이 아름답게 피어난 아이들을 볼 때마다 드는 생각이 하나 있습니다. 어린 시절부터 주님께 올려 드린 수많은 찬양들이 아이들의 마음속에 씨앗이 되고 단단히 뿌리를 내려 삶이 흔들릴 때마다 굳게 붙잡아 주었다는 사실입니다. 그리고 저는 이렇게 아이들의 마음속에 믿음의 씨앗을 심는 일이 얼마나 귀한 일인지를 깨닫게 되었습니다. 어쩌면 저는 합창음악을 연주하는 것 그 자체보다도 음악을 통해서 일어나는 삶의 놀라운 변화들 때문에 이 일이 좋았던 것인지도 모르겠습니다. 저는 아이들에게 더 아름다운 음악으로 더 아름다운 소리를 낼 수 있도록 지도하고자 더욱 열심히 공부하게 되었습니다. 아이들은 여전히 제 삶의 큰 원동력입니다.

그렇게 저는

주님이 주신 마음을 따라

믿음으로 걸음을 떼었습니다.

길

길

사방이 어둠에 싸여 길은 없는 것 같은데
그곳에 내 믿음이 이끄는 평안의 길 있다네
아무도 가지 않아서 잡초만 무성한 그곳
그곳에 내 믿음이 이끄는 곧게 난 길 있다네

믿음이 없이는 보지 못하리
믿음이 없이는 가지 못하리

당신이 멈춰 선 그곳에서
믿음의 한 걸음 내딛으면
모든 두려움을 떨쳐 버리고
믿음의 한 걸음 내딛으면

길 없던 그곳에 길이 나리라
길 없던 그곳에 길이 나리라

부산에서 섬기던 교회의 목사님이 서울로 임지를 옮기셨다는 소식을 듣고, 목사님 가정을 만나기 위해 오랜만에 강남으로 나갔습니다. 그때는 서울 유학 생활에 꽤 지쳐 있을 때였습니다. 조금 일찍 커피숍에 도착해서 차 한 잔을 주문하고는 부산에 있는 친한 동생에게 전화를 걸었습니다.

돈이 없어서 선물 받은 쿠폰으로 겨우 커피 한 잔을 주문했다는 이야기, 마음 나눌 친구가 없어서 외롭게 지내고 있다는 이야기, 사투리를 잘 못 알아듣는 대학원 동기가 있고 그래서 자신감이 떨어졌다는 이야기, 공부를 마친 후 나는 어디에서 무슨 일을 해야 할지 모르겠다는 이야기, 한없이 미뤄지는 결혼과 남은 학기들의 학비는 어떻게 마련해야 할지 고민이라는 이야기 등. 저는 그 동생에게 한참 동안 유학 생활의 외로움과 고단함을 하소연했습니다. 그때 동생이 이런 이야기를 했습니다.

"언니, 근데 언니는 지금 서울 강남에 있잖아요. 주님이 인도하지 않으셨으면 언니가 지금 어떻게 강남에 있겠어요?"

부산에서 나고 자란 우리에게 강남이라는 곳은 대한민국의 가장 핫한 곳이자 신세계였습니다. 갑자기 피식 웃음이 났습니다. 그러고 보니 아무 연고도 없는 서울 땅, 그것도 강남

한복판에서 커피를 마시고 있는 내 모습을 보니 주님이 삶의 자리를 옮기시고 무언가 큰 변화를 주고 계심이 분명해 보였습니다.

저는 그 자리에서 한숨 대신 펜을 들고 가사를 썼습니다. 사방이 어둠에 싸인 것 같지만 이미 주님이 예비하신 길이 있다는 것과 그 길은 오직 믿음으로만 볼 수 있다는 것, 그러니 당장 눈앞에 길이 보이지 않는다고 하소연만 하지 말고 하루하루 믿음의 길을 만들어 가자고 다짐하며 이 곡을 썼습니다.

... Part 3

뭐 줄까, 말만 해

···   낯선 땅에 덩그러니 남았습니다

공부는 너무 즐겁고 보람 있었지만 아무런 연고도 없는 낯선 땅에서 혼자 생활하는 것이 쉽지는 않았습니다. 그 당시 제가 모아 놓은 돈으로는 대학원 학비를 내는 것만으로도 빠듯했습니다. 그래서 생활비, 특히 먹는 것을 줄여야 했습니다. 하루에 즉석밥 하나로 아침, 저녁을 나눠 먹었고 김과 참치 통조림 하나로 식사를 했습니다.

그렇게 생활한 지 한 달 정도 지나니 눈병이 나고 손톱 색이 바뀌기 시작했습니다. 어느 날 화장실 문턱을 넘을 힘조차 없어서 결국 병원에 갔습니다. 의사 선생님이 영양실조라고 했습니다. 저는 제 귀를 의심했습니다.

'요즘 같은 때에 영양실조라니….'

저는 하나님이 주신 몸을 소중히 보살피지 못한 것을 회개했습니다. 그 후로 제 몸을 주님이 계신 성전이라고 생각하고 마치 예배를 드리듯 정성껏 음식을 차려서 먹기 시작했습니다.

그 시절 몸뿐 아니라 마음 또한 무척 힘든 시간을 보냈습니다. 당시 제게는 부산에서 만나 결혼을 약속한 남자친구가 있었습니다. 서로 엇갈리기를 반복하다가 시작된 만남이라서 저는 더욱 소중히 지켜 나가고 싶었습니다. 하지만 여러 가지 이유로 남자친구의 부모님은 저를 탐탁지 않아 하셨습니다. 남자친구의 직업은 의사였는데, 아마도 그런 아들과 제가 어울리지 않는다고 생각하셨던 것 같습니다.

첫 인사를 드리기도 전에 남자친구의 아버지는 먼저 제 소개를 글로 써 오라고 하셨습니다. 그리고 저를 만나던 날, 당신이 원하는 며느리 조건을 적어 오셔서는 제 앞에서 읽으셨습니다.

"우리 아들이 키가 작으니 며느리는 키가 컸으면 한다. 그리고 최소한 국립대학교는 나왔으면 좋겠다. 참고로 사관생도도 아비 없는 자식은 안 뽑는다고 하더라."

그렇게 남자친구의 아버지는 써온 글을 모두 읽으셨고, 제 모든 조건이 원하시는 며느리 상에 맞지 않는다고 하셨습니다.

그때는 그래도 남자친구를 좋아하는 마음이 컸고, 남자친구도 부모님을 너무 미워하지 말아 달라고 부탁했기 때문에 저는 그 상황을 사랑으로 인내해야 한다고 생각했습니다. 제가 넘어야 할 산이라고 생각했습니다. 그런데 부모님이 반대하는 교제를 이어 가다 보니 마음속에 괴로움이 쌓여 갔습니다. 위장병이 생기고 우울감에 시달리게 됐습니다. 어느 날은 기숙사에서 창밖을 보다가 문득 '내가 여기서 뛰어내리면 이 모든 고통이 다 끝나겠지?' 하는 생각이 머릿속을 스쳤습니다. 순간적으로 생을 마감하고 싶다는 충동을 느끼기도 했습니다.

결국 남자친구는 부모님의 반대를 극복하지 못했습니다. 우리는 4년의 교제를 끝으로 헤어졌습니다. 이별의 아픔은 혹독했습니다. 그동안 남자친구는 제 연인이자 가장 친한 친구였고 서울 유학 생활에 든든한 동지였습니다. 그 사람이 떠나고 나니 낯선 땅에 홀로 덩그러니 남겨진 것만 같아 너무나 견디기 힘들었습니다.

··· 모든 것을 잃고 주님 앞에 홀로 섰습니다

그 후 건강이 많이 나빠졌습니다. 불면증도 심해졌습니다. 건강검진을 했는데, 몸 여러 군데에 혹이 생겼다고 했습니다. 갑상선에 있던 혹에 대해서도 이제는 여러 병원에서 수술을 권유했습니다. 조직검사를 세 차례나 하고 암이 아니라는 결론이 나긴 했지만 평생 추적 검사를 해야 하고, 또 암일 확률이 30퍼센트나 되니 차라리 갑상선을 반 절제하자는 것이었습니다. 그당시 엄마도 갑상선 암 진단을 받으셨기 때문에 가족력도 무시할 수 없었습니다. 일단 부산으로 내려가서 먼저 수술하신 엄마를 간호한 뒤에 제 수술 날짜를 잡았습니다.

저는 자라는 내내 크고 작은 일들을 혼자서 해내야 했습니다. 엄마는 저를 돌봐 주실 몸과 마음의 여유가 없었습니다. 어린 시절부터 엄마는 스트레스가 있을 때마다 약을 드셨는데, 나이가 들고 나서 그게 신경안정제였던 것을 알게 되었습니다. 저는 어려서부터 "엄마는 신경이 약하니 절대로 엄마 신경 쓰이게 하면 안 된다. 너 혼자 알아서 해야 한다"는 이야기를 들으며 자랐습니다. 힘든 일이 생기면 엄마에게 숨기기 바빴습니다. 제가 힘든 것보다 엄마가 스트레스를 받는 것이 훨씬 더 괴로웠습니다.

엄마는 아들과 딸이 엄연히 다르다고 생각하는 옛날 분이었습니다. 아들인 오빠의 졸업식은 꼭 가야 하지만 제 졸업식은 가지 않아도 괜찮다고 생각하셨습니다. 그래서 유치

원부터 대학원까지 제 졸업식에는 단 한 번도 엄마가 오신 적이 없습니다. 대학 시절 동안 수많은 연주회가 있었지만 그 또한 마찬가지였습니다. 저는 가족의 지지를 받고 싶은 순간들을 홀로 지내야 했습니다. 늘 그것이 눈물 나게 섭섭했지만 한 번도 떼를 써 본 적이 없었습니다.

수술하는 날도 마찬가지였습니다. 제게는 보호자도, 간호해 줄 사람도 없었습니다. 혼자서 수술 동의서를 쓰고 침대에 누웠습니다. 정말 열심히 살아왔던 것 같은데, 정말 주님 앞에서 잘 살아 보려고 노력했던 것 같은데, 전신 마취를 기다리며 누운 차가운 침대에서 저는 모든 것을 잃고 다시 주님 앞에 홀로 남았음을 느꼈습니다.

아무 것도 없이 홀로 남았을 때,

다시 주님 앞에 있었습니다.

둥지를 흩으시고

나의 열심으로 하나씩 이룬
정성껏 지은 내 삶의 둥지
내 노력 내 열정이 담긴 내 귀한 보물
무엇 하나 버릴 것 없는
내 만족으로 가득 찬 둥지
그곳에서 행복을 찾던 내 삶에
어느 날 폭풍이 일어

둥지를 흩으시고 내 보물을 흩으시고
나를 둥지 밖으로 절벽으로 몰아내셨네
날 사랑하신다던 따뜻한 그분은 가려지고
이제 내겐 외로움과 눈물만 남았네

빈 마음 빈손으로 눈물로 찾아간 십자가 언덕
본적 없고 이해할 수 없는 그 사랑에
내 지친 마음을 기대어 쉰다

둥지를 흩으시고 내 보물을 흩으시고
나를 둥지 밖으로 절벽으로 몰아내셨네
내 정든 둥지는 그 손에 흩어졌으나
이제 나는 더 큰 날개로 하늘을 나른다

더 큰 믿음 큰 사랑으로 하늘을 나른다

둥지를 흩으시는 것도 주님의 사랑입니다

내 삶에 보물이 점점 많아졌습니다. 사랑하는 사람도 있었고, 놓고 싶지 않은 일들도 있었습니다. 그런데 주님은 제 보물 같은 둥지를 흔적도 남기지 않고 흩어 버리셨습니다.

주님께 너무 화가 났습니다. 그런데 제게 기댈 곳은 주님밖에 없었습니다. 그래서 모든 분노와 절망을 주님 앞으로 가져갔습니다. 주님 앞에서 몸부림치면서 아픔을 토해 냈습니다. 그러는 동안 점점 제 안에 안정감이 찾아왔습니다. 제가 만든 둥지에서 오는 안정감이 아니었습니다. 나의 참 목자이신 주님으로부터 오는 안정감이었습니다.

그러면서 알게 된 것이 있습니다. 주님보다 더 소중히 여겼던 나의 둥지가 오히려 나를 불안 속으로 가두었다는 것을 말입니다. 둥지는 절대로 나를 지켜 줄 수 없었습니다. 둥지를 흩으시는 것도 나를 향한 주님의 사랑이었음을 깨달았습니다.

··· 주님, 좋은 남편을 주세요

수술을 마친 후 마취에서 깨는 과정에 극심한 통증이 몰려왔습니다. 몸의 통증과 함께 그동안 살면서 감내해야만 했던 깊은 외로움과 삶의 고단함이 밀려왔습니다. 하염없는 눈물이 주체할 수 없이 흘렀습니다. 이런 기도가 흘러나왔습니다.

"주님 저 너무 아파요. 사는 게 너무 힘들어요."

그때 저는 아주 특별한 경험을 했습니다. 주님이 다급한 목소리로 제게 "진숙아, 많이 아팠지? 정말 잘 견뎠어! 내가 네 아픔 다 안다" 하시고는 저를 따뜻하게 안아 주시는 느낌이 들었습니다. 그러고는 제게 이렇게 말씀하셨습니다.

"뭐 줄까? 말만 해. 네가 구하는 것 내가 다 들어줄게."

마취가 채 다 깨지 않아서 앞도 잘 보이지 않던 그 순간

두 가지가 번뜩 떠올랐습니다.

첫 번째는 배우자였습니다.

"주님, 좋은 남편을 주세요! 그리고 특별히 저를 있는 그대로 환영해 주고 아껴 주시는 시부모님을 주세요!"

두 번째는 주님이 주시는 영감이었습니다.

"주님, 저는 주님이 주시는 영감이 없으면 한 곡도 쓸 수가 없어요. 죽을 때까지 주님이 주시는 영감으로 곡을 쓸 수 있게 해 주세요!"

그날은 마치 하나님이 제 소원을 들어주는 램프의 요정이 되어 주신 것 같았습니다. 주님은 제 마음에 놀라운 평안을 주셨습니다. 당장이라도 주님이 배우자를 보내 주실 것 같은 기대가 생겼습니다. 그래서 저는 병문안 오는 사람들을 유심히 살펴보았습니다. 당시 교회에서 친구들이 많이 찾아왔는데, 대부분 한 번씩만 방문했기 때문에 혹시나 두 번 찾아오는 사람이 있나 살폈습니다. 하지만 그런 일은 없었습니다.

그렇게 일주일간 입원한 뒤 퇴원해서 집으로 돌아왔습니다. 아직 몸이 다 회복되지 않아서 한 달 정도 집에서 쉬어야만 했습니다. 저는 그동안 찬양을 작곡해야겠다고 생각했습니다. 남은 보험금으로 건반을 하나 사면 좋을 것 같아 인터

넷 중고거래 사이트를 뒤졌습니다. 그때 적당한 가격에 마음에 드는 건반 파는 글을 보았고, 구입을 결정했습니다. 그런데 크기가 만만치 않아 집으로 가져오려면 차가 필요했습니다. 저는 차가 없었기 때문에 지인의 도움을 받으려면 주말까지 기다려야 했습니다. 판매자에게 자초지종을 설명하고 주말에 가지러 가겠다고 양해를 구했습니다.

그런데 판매자가 대뜸 제 집의 위치를 물어봤습니다. 그러더니 자기 집과 지하철 두 정거장 거리라 가깝다면서 차로 직접 가져다주겠다고 했습니다. 저는 그분께 정말 감사했습니다. 다음날 그분은 건반을 가져다주더니 설치도 해주고, 고장 난 곳이 없는지 확인까지 해 주었습니다. 감사한 마음에 저는 간단한 다과를 드렸습니다.

함께 다과를 나누다가 그분은 제가 산 건반이 사실 자신이 영국에서 쓰던 것이고, 반년 전 한국으로 가지고 온 것이라는 이야기를 해 주었습니다. 저는 조금 놀랐습니다. 저도 마침 반년 전에 대학원의 최훈차 지도교수님이 지휘하시는 '최훈차콰이어' 단원으로 영국 순회연주를 다녀왔는데, 따져 보니 같은 기간에 그분과 제가 영국에 있었던 것입니다. 신기하기도 하고 반가웠습니다. 그뿐만 아니라 그분과 제게는 몇 가지 공통점이 있었습니다. 하나님을 믿는 크리스천이라는 것, 그리고 음악을 좋아한다는 것이었습니다. 그렇다 보니 이런저런 이야기를 나누는 것이 즐거웠습니다. 대화를 나누다가 시계를 보니 세 시간이 훌쩍 지나 있었습니다. 둘 다 깜짝 놀랐습니다.

그 후로 저는 그분과 매일 연락을 주고받게 되었습니다. 그리고 그분은 제 남편이 되었습니다. 우리는 만난 지 두 달 만에 결혼을 약속했고 여섯 달 만에 결혼식장에 섰습니다. 주님은 정말로 제가 퇴원하자마자 집으로 남편을 배송해 주셨습니다.

··· 제 모든 설움과 상처를 씻어 주셨습니다

저는 그동안 제가 주님의 능력을 많이 제한하고 있었음을 깨달았습니다. 지금까지는 누군가를 만나려면 열심히 소개팅을 하거나 사람을 많이 만날 수 있는 자리로 나가는 노력을 해야 한다고 생각했습니다. 그런데 하나님은 그저 제가 있는 집으로도 배우자를 보내 주실 수 있는 놀라운 분이셨습니다.

우리는 서로의 만남을 돌아보면서 종종 이런 이야기를 나누며 함께 웃습니다.

"나는 건반을 사느라 돈을 내고 당신을 만났는데, 당신은 건반을 팔아 돈을 받은 데다가 이제는 건반까지 돌려받았으니 이득을 봤네요."

"무슨 소리예요. 당신은 키보드를 산 데다가 남편이 사은품으로 따라왔으니 당신이 이득이죠."

남편은 디자인을 전공했고 음악을 매우 사랑합니다. 지금은 히즈윌 음반의 모든 디자인과 영상 촬영은 물론, 페이스북 및 유튜브 관리까지 도맡아서 하고 있습니다. 주님이 저와 남편을 만나게 하시고 주님의 나라를 위해 서로의 재능으로 합력하여 일하게 하심이 너무 놀랍습니다.

무엇보다 주님은 제 기도 제목 중 시부모님에 대한 부분에서 놀랍게 응답해 주셨습니다. 처음 시부모님께 인사드리던 날, 시어머님은 제게 "네 사진의 웃는 모습을 먼저 보고 이미 마음이 활짝 열려서 왔단다. 걱정하지 말거라"라고 해 주셨습니다. 지금도 시부모님은 저를 꿈에 그리던 며느리라고 해 주시고, 복덩이라고 하십니다. 얼마나 감사한지 모릅니다.

결혼과 관련한 재미있는 에피소드가 있습니다. 제 시아버님은 우리나라의 유명한 사극을 연출한 이병훈 감독님입니다. 제 주변에는 시아버님의 팬들이 상당히 많았는데, 그들이 제 이야기를 처음 듣고는 너무 놀라 숨이 멎을 정도였습니다. 엄마는 또 얼마나 놀라셨겠습니까? 그런데 그 놀람은 기쁨보다는 걱정이었습니다. 처음 엄마는 이 이야기를 듣고 그런 집에 시집 보낼 돈이 없다고 했습니다. 시부모님이 돈을 요구하신 것도 아닌데 말이지요. 아마도 제 이전 교제가 힘들었기 때문에 자라 보고 놀란 가슴 솥뚜껑 보고 놀란 심정이었던 것 같습니다.

시부모님은 결혼식 준비를 할 때 처음부터 마지막까지 제 형편을 고려해 맞춰 주셨습니다. 제가 결혼 준비로 처음 시댁에 인사드리러 갔을 때 시아버님은 제게 이렇게 말씀하셨습니다.

"진숙아, 이제부터 이 집에 있는 것들은 전부 다 네 거다."

그렇게 두 분은 부족한 저를 있는 그대로 환영해 주셨고 지금도 변함없이 아껴 주고 계십니다.

결혼식은 정말 꿈만 같았습니다. 연예인 한 번 본 적 없던 저인데, TV에서만 보던 많은 분이 시아버님의 하객으로 와 주셨습니다. 축가는 서울에서 처음 만나 사랑으로 지도했던 어린이합창단 아이들과 가수 소향이 불러 주었습니다. 무엇보다 엄마가 너무나 기뻐하셨습니다. 그동안 엄마에게 반대받는 연애로 마음의 상처를 드렸는데, 주님은 엄마의 그런 마음속 설움도 깨끗이 씻어 주셨습니다. 그날 하나님은 제게 상상도 못한 선물들을 준비해 주셨습니다. 그리고 내내 저와 함께 웃고 계신 것 같았습니다.

저는 그동안 음악을 하며 무대에 설 때마다 보러 와 주는 사람이 없어서 많이 외로웠습니다. 그런데 결혼 후에는 시부모님이 꽃다발을 가지고 매번 응원하러 와 주십니다. 주님은 제 첫 번째 가정에서 받지 못했던 정서적인 지지를 결혼으로 이룬 두 번째 가정에서 놀랍도록 채워 주셨습니다. 저는 이 모든 것이 주님이 그날의 기도를 들으시고 이루어 주신 것임을 알고 있습니다. 사람의 힘으로는 도저히 할 수 없는 일들이기 때문입니다.

"뭐 줄까?

말만 해.

네가 구하는 것 내가 다 들어줄게."

HisWill 6

그저 엎드리는 것

내가 아프고 아팠던 시간은
주님 뜻일까 아님 내 고집 때문일까
견디고 참는 것 그 자리를 지킨다는 게
주님 뜻일까 아님 내 신념일까

시간이 흘러 많은 산을 넘어왔지만
여전히 나는 답을 모르죠
답을 몰라도 깨달은 것 하나 있죠
주님께 그저 엎드리는 것

그저 엎드리는 것 그저 엎드리는 것
내가 엎드려야 주님이 업고 가시죠
그저 엎드리고 주님과 함께 온 길은
결코 후회가 없죠

고통을 지나는 확실한 방법은 엎드리는 것입니다

가끔 궁금할 때가 있습니다.

'그때의 그 고통은 왜 나를 찾아온 걸까? 내가 너무 고집을 부려서일까, 아니면 주님이 주신 연단이었을까?'

아무리 생각해도 답을 찾지 못하겠습니다. 저는 아직도 답을 모르지만, 고통스러운 순간을 지나는 방법은 확실히 배웠습니다. 그저 주님 앞에 엎드려야 한다는 것을 말이지요. 내가 엎드리면 주님은 그런 저를 업고 고통의 강을 건너 주십니다. 그리고 결코 후회하지 않는 가장 좋은 길로 저를 인도하십니다.

···　만남은 영화였지만 삶은 현실이었습니다

남편과 제가 만나 결혼한 이야기를 들은 많은 사람은 그
저 놀라고 신기해합니다. 마치 한 편의 영화 같다고 말이지
요. 그렇게 우리는 아름답게 만났지만, '그 후로 오래오래
행복하게 살았답니다'라고 끝나는 동화같은 이야기는 없었
습니다. 두 사람이 하나가 되어 가는 과정은 여느 가정과 마
찬가지로 결코 쉽지 않았습니다.

남편과 저는 서로 달라도 너무 달랐습니다. 저는 일찍 잠
을 자야 하는 사람인데 남편은 새벽이 되어서야 잠자리에
듭니다. 저는 바닷가에서 자라서 해산물이 익숙한데 남편
은 해산물을 전혀 못 먹습니다. 그리고 남편은 제가 좋아하
는 채소와 과일을 싫어합니다. 성격도 얼마나 다른지 모릅
니다. 제가 털털한 편이라면 남편은 아주 섬세합니다. 많은

부부가 치약 짜는 방법 때문에 전쟁을 치른다던데, 남편은 그 정도가 아니었습니다. 치약은 세워서 두도록 디자인되었으니 제발 세워서 놓아 달라고 했습니다. 또 저는 사람들을 집에 초대해서 함께 교제하는 것을 무척 좋아하는데 남편은 집에 손님이 오는 것을 불편해합니다. 이 일로 너무 부딪히다 보니 한 달에 한 번, 네 명 이하로만 초대하는 것으로 합의를 본 적도 있습니다.

생활 속에서의 다름은 서로 조금씩 양보해서 맞추었기 때문에 크게 힘들지 않았습니다. 그런데 가장 힘든 것은 하나님을 예배하는 마음과 방법이 다르다는 것이었습니다. 저는 하나님을 인격적으로 만난 후 많은 변화의 과정을 겪었습니다. 수많은 수련회와 CCC 훈련을 통해 신앙생활의 모범적인 틀을 갖고 있었습니다. 하지만 결혼 초기에 남편은 하나님을 믿게 된 지 얼마 되지 않아 주일 예배만 겨우 참석하는 정도였습니다.

우리는 함께 예배드릴 교회를 정하는 것도 너무나 힘들었습니다. 저는 교회에서 어린이합창단을 지도하고 있던 상황이라 아이들 지도를 위해 남편이 제가 다니는 교회로 와줬으면 했습니다. 남편도 일단 그렇게 하기로 했지만 썩 내키지 않는 것 같았습니다. 제가 다니던 교회는 대형교회에

속했는데, 남편은 그 분위기에 적응하는 것을 힘들어했습니다. 결혼 전 출석하던 교회를 더 좋아하는 것 같았습니다. 그때부터 주일마다 신경전이 벌어졌습니다.

저는 예배 시간에 늦는 걸 아주 싫어합니다. 그런데 새벽에 잠자리에 드는 남편은 주일 아침에 늦잠을 잤고, 예배에 지각하기 일쑤였습니다. 한 시간 동안 드리는 예배에 30분을 지각하니 속이 터졌습니다. 저는 주일 아침에 눈을 뜨면 '오늘은 지각하면 안 되는데' 하는 생각을 제일 먼저 했습니다. 늑장 부리는 남편을 보면 점점 분노가 올라왔습니다. 시계를 보면서 초조해했습니다. 교회에 가는 내내 속상해서 주님께 하소연했고, 예배당에 앉으면 눈물이 주르륵 흘렀습니다.

"주님, 결혼하고 나서 예배 한번 제대로 드리기가 왜 이렇게 힘들까요?"

그런데 그렇게 기도하면 주님은 시간 맞춰 예배에 오는 것보다 늦게 오더라도 제가 남편을 존중하고 사랑하는 것이 더 좋다는 마음을 주셨습니다. 주님이 남편을 사랑하라고 하시니 결국 예배의 끝은 늘 "네 주님, 남편을 용서하겠습니다" 하는 기도로 마무리 되었습니다. 그렇게 제 예배는 화로 시작해서 화를 가라앉히면서 끝이 났습니다. 이 패턴은 오랫동안 반복되었습니다.

··· **변화는 제 힘으로 되는 것이 아닙니다**

그러던 어느 날 남편이 해도 해도 너무할 정도로 늑장을 부렸습니다. 결국 예배가 거의 끝날 시간이 되어서야 교회에 도착하고 말았습니다. 저는 너무 화가 난 채로 운전대를 잡았습니다. 분노에 차서 후진을 하다가 뒤에 주차되어 있던 차를 보지 못하고 그대로 받아 버렸습니다. 그러고 나니 정신이 번쩍 들었습니다. 저는 그동안의 분노가 주님 앞에서 한참 잘못된 것임을 깨달았습니다.

'내가 남편의 믿음이 성장하도록 기다려 주지 못하고 나와 같기만 원했구나. 내 힘으로 남편을 끌어당기고 있었구나!'

그렇게 생각하고 나니 그때부터 가장 중요한 것은 남편이 하나님을 깊이 만날 수 있는 예배를 드리는 것이 되었습니다. 남편이 자발적으로 기쁘게 갈 수 있는 예배가 있다면 그곳이 어디든 따라가야겠다는 결심이 섰습니다. 제가 교회에서 합창단 아이들을 지도하는 일도 그 일보다는 시급해 보이지 않았습니다. 그래서 교회를 옮겨야 할 것 같다고 합창단에 말씀을 드렸습니다. 정말 감사하게도 합창단에서는 저를 외부 강사로 초빙하고 아이들을 계속 지도할 수 있도록 배려해 주셨습니다.

그 후로 저는 남편에게 맞는 교회를 찾아 함께 다니기 시작했습니다. 남편은 자신이 아직 성경에 대해서 잘 모르니 성경말씀 강해를 위주로 하는 교회에서 예배를 드리고 싶다고 했습니다.

우리는 남편이 결혼 전에 다니던 교회를 1년 가까이 다녔습니다. 첫 아이를 출산하고 2년 정도는 또 다른 교회에서 예배를 드렸습니다. 이 교회는 예배가 시작되면 본당 문을 아예 잠궈 버리는 곳이었습니다. 그 덕분에 우리는 더 이상 예배에 지각하지 않게 되었습니다. 그뿐만 아니라 목사님의 강해 설교가 남편이 성경을 이해하는 데 큰 도움을 주었습니다. 남편의 변화를 곁에서 지켜보면서 저 또한 기뻤습니다.

당시 저는 사랑의교회와 선한목자교회에 소속된 두 개의 어린이합창단을 지도하고 있었습니다. 주일에 합창단 사역이 있을 때면 사역을 마친 후 다시 남편과 아이가 있는 교회로 가야만 했습니다. 어떤 날은 주일에 세 군데 교회를 모두 가야 했던 적도 있습니다. 성탄절에는 합창단 사역 때문에 늘 가족과 함께하기가 어려웠습니다. 그러다 보니 큰아이의 성탄절 유아세례를 함께하지 못하는 상황이 오기도 했습니다.

그렇게 4년이 지난 어느 주일에 남편은 제가 합창단 사역을 하는 교회에 함께 출석하겠다고 말해 주었습니다. 그동안 자신이 고집을 부린 것 같다며 아직 썩 내키지는 않지만 제가 너무 고생하는 것 같아 옮겨야겠다고 말했습니다. 그리고 그동안 배려해 줘서 고마웠다고 했습니다. 남편의 이야기를 들으며 저는 제 힘으로 남편을 끌고 가려고 했던 지난 시간이 얼마나 어리석었는지 다시 한번 깨닫게 되었습니다. 제가 할 일은 남편의 의견을 존중하고 기다려 주는 것이며 모든 변화는 하나님이 주관하시는 것임을 알게 되었습니다.

… 천국 같은 가정의 열쇠는 순종입니다

교회를 옮긴 후 남편은 10주간의 양육 훈련을 받았고, 그 시간을 통해 하나님을 인격적으로 만났습니다. 그리고 이제 남편은 제가 그토록 바라 왔던 '믿음 좋은 남편'이 되었습니다.

요즘 남편은 오히려 저에게 요 며칠 하나님과 멀어진 것 같아 보이니 어서 돌아오라고 조언해 주기도 합니다. 성도 간의 교제를 무척 싫어하던 사람이 속회 모임을 단 한 번도 빠지지 않고 있으며, 속회 식구들을 위해 열심히 기도하는 사람이 되었습니다.

남편은 늘 불평이 많은 사람이었는데 이제는 감사의 아이콘이 되었습니다. 남편은 화가 나면 감정을 주체하지 못하고 터뜨리는 사람이었지만 이 또한 주님을 바라보기 시작하면서 조금씩 달라졌습니다. 대학교에서 가르치는 제자 중 하나님을 믿는 학생들을 따로 만나서 격려하기도 하고 함께 정기적으로 모임을 갖기도 했습니다. 지난 시간 동안 남편에게는 모든 영역에서 많은 변화가 있었는데 정작 저는 그만큼 성장하지 못한 것 같아서 미안하기까지 합니다.

행복한 결혼생활은 결국 내가 얼마나 주님 말씀에 순종하는지에 달려 있다는 것을 느낍니다. 남편과 싸우고 나면 예배드리는 것도, 기도하는 것도 힘듭니다. 남편과 갈등이 있는 상황에서 기도하면 주님은 항상 제게 먼저 용서하라고 하십니다. 아무리 생각해도 잘못한 게 없는 것 같은데 먼저 손 내밀고 용서하라고 하십니다. 그게 싫어서 때로는 기도하지 않고 버틸 때도 있습니다. 그런데, 그럴수록 제 삶은 점점 더 지옥 같아집니다. 그럴 때면 마지못해 순종합니다. 너무 하기 싫어서 두 눈을 질끈 감고 사과를 할 때도 있습니다.

"여보… 미안해."

입술이 덜덜 떨리고 너무 분해서 눈물이 다 납니다. 그런데 제가 그렇게 제 감정을 내려놓고 주님께 순종할 때마다 하나님이 남편을 조금씩 바꿔 주셨습니다. 사실 남편은 매번 누가 잘못했는지 이미 다 알고 있습니다. 그런 상황 가운데 제가 먼저 손 내밀어 주니 무척 고마워합니다. 또 제가 주님 앞에서 순종하며 살아가는 모습에 도전을 받기도 합니다.

이제 우리의 부부싸움은 오래가지 않습니다. 천국과 같은 가정은 결국 순종의 산을 넘어야 만들어집니다.

그대를 사랑하기를

그대를 사랑하기를
주께서 교회를 위해 자신을 주심같이
그대를 사랑하기를
교회의 머리 되신 주께 순종하듯 하리라

서로의 다름을 인정하고
있는 그대로를 사랑하며
힘들 땐 기도하고 기다려 주며
걸음을 맞춰 함께 걷게 하소서

오직 사랑 안에서 하루를 살게 하시고
오직 사랑 안에서 모든 일 결정하길
우리를 사랑하신 그 큰 사랑을 인해
주님을 닮아 가는 우리가 되게 하소서

이 곡을 쓰고 녹음까지 마친 후 남편과 크게 싸우는 일이 있었습니다. 그래서 저는 이 곡을 부를 서연이에게 전화해서 아무래도 이 곡은 빼는 것이 좋겠다고 했습니다. 곡의 초반에 '서로의 다름을 인정하고'라는 가사가 나오는데, 이 가사대로 살아가는 것은 불가능한 일이니 6집에서 빼자고 말입니다.

그때 서연이가 명쾌한 답을 줬습니다.

"언니, 이 곡 너무 좋아서 절대로 안 뺐으면 좋겠어요. 그냥 언니가 형부랑 잘 화해해 보는 게 어떨까요?"

이 곡은 결혼생활에서 일어나는 크고 작은 문제들 앞에서 늘 제 발목을 잡습니다. 그리고 마음속으로 자꾸만 저에게 말을 겁니다.

'서로 다름을 인정해야 한다면서? 걸음을 맞춰서 함께 걷겠다면서?'

그러면 또 정신이 번쩍 듭니다. 가끔은 마지못해 억지로 순종할 때도 있지만 그러고 나면 곧 다시 주님이 저와 남편의 관계를 회복시켜 주십니다. 주님이 주시는 마음에 순종하여 내 감정마저 내려놓는 훈련을 통해 저도, 그리고 남편도 예수님을 조금씩 닮아 가고 있습니다.

Part 4

함께 가 주어 고마워

··· 주님께만 물으며 갑니다

히즈윌 1집은 2008년에 발매되었습니다. 첫 음반을 낸 후 저는 혼자서 이 길을 가는 것이 도저히 엄두가 나지 않았습니다. 앞서가신 사역자들에게 조언을 구하고 싶었습니다. 하지만 만남을 약속할 때마다 번번이 길이 막혔습니다. 그럴 때마다 기도하면 주님은 "사람에게 묻지 말고 나에게만 물으면서 이 길을 가라"라고 말씀하셨습니다. 그 후로 저는 사람에게 지혜를 구하지 않습니다. 오직 주님께만 물으며 한 걸음씩 걷습니다. 지나온 시간을 돌아보니 제 길은 다른 사역 팀들과는 조금 다르게 독특했지만, 주님은 지금까지 흔들림 없이 한 길을 걸어올 수 있게 인도해 주셨습니다.

저를 걱정해 주던 몇몇 분들은 히즈윌의 곡이 예배 때 회중과 함께 부르기가 쉽지 않다고 말했습니다. 특히 예배 중에 부르기 까다로운 독특한 가사가 많다며, 이런 곡 대신 교회 안에서 수요가 많은 예배곡을 써 보는 것이 어떻겠냐고 조언해 주었습니다. 그 조언은 분명 현실적으로 도움이 되는 이야기였습니다. 하지만 기도를 하면 주님은 저에게 이 일을 처음 맡기셨을 때의 마음을 기억하게 하셨습니다. 주님은 제가 주님과 함께하며 썼던, 삶에서 나온 간증을 곡에 담아 사람들에게 흘려보내기를 원하셨습니다. 얼마나 많은 사람이 듣는지는 상관없었습니다. 주님은 제가 묵묵히 이 길을 계속 가기를 원하셨습니다.

사역하러 가서 도리어 사랑 받고 돌아옵니다

히즈윌은 본래 음반 제작을 위해 한시적으로 모이는 프로젝트 팀이었습니다. 그래서 음반 작업을 마치면 팀은 다시 흩어졌습니다. 그런데 히즈윌 곡들이 하나둘씩 알려지면서 자꾸 현장 사역 요청이 들어왔습니다. 그럴 때면 저는 "주님, 그것은 제가 할 일이 아니지요? 저는 일도 해야 하고 육아도 해야 해요. 음반 만드는 것만으로도 너무 벅찹니다. 제가 할 수 있는 만큼만 할게요"라고 하면서 번번이 거절했습니다. 그러던 중에 문득 이런 생각이 들었습니다.

'내가 혹시 주님이 열어 가시려는 길을 막고 있는 것은 아닐까?'

결국 이 마음을 히즈윌 멤버들에게 나눴습니다. 그랬더니 모두 현장 사역을 사모하는 마음을 나눠 주었습니다. 제가 앞장설 수 없는 형편이었음에도 멤버들은 주도적으로 사역을 준비했고 기쁜 마음으로 감당해 주었습니다. 그렇게 히즈윌은 4집 음반까지 낸 후에야 처음으로 수련회와 교회 초청의 자리에 서게 되었습니다.

저는 항상 먼 지방으로 사역을 다니는 멤버들이 힘들지는 않을까 걱정이 되었습니다. 그런데 정작 멤버들은 힘들어 보이기는커녕 모두 은혜와 기쁨으로 가득했습니다. 그들은 모두 한목소리로 고백했습니다.

"사역의 자리는 오히려 우리가 주님이 예비하신 은혜와 축복을 받는 곳이예요!"

정말 그랬습니다. 전주의 한 교회에서 히즈윌을 초청해 주었을 때의 일입니다. 그때 우리 멤버 중 한 명에게 갑작스러운 공황장애 증상이 찾아왔습니다. 그는 사람이 많은 곳에 가면 심장이 뛰고 과호흡이 온다고 했습니다. 일상생활이 어려운 것은 물론, 함께 사역하는 것도 불가능해 보였습니다. 멤버들의 분위기는 많이 무거웠습니다. 하지만 그는 두려운 마음에도 치료를 받으며 사역의 자리를 지키고 싶어 했습니다. 그래서 우리는 믿음으로 함께 전주로 내려갔습니다.

찬양사역자로서 은혜를 나누러 간 자리에서 그는 오히려 성도님들에게 우리가 지금 겪고 있는 아픔을 솔직하게 나누고 중보 기도를 요청했습니다. 고통 속에서 주님을 붙잡는 그의 찬양은 그 어느 때보다도 간절했습니다. 우리는 그가 쓰러지지 않고 찬양을 마친 것만으로 너무 감사했습니다. 그날 처음 만난 우리를 위해 한마음으로 간절히 기도해 주신 성도님들에게 너무 감사했습니다.

2년 후 우리는 그 교회로부터 다시 초청을 받았습니다. 그동안 주님이 우리 멤버의 공황장애를 깨끗이 치료해 주셨기 때문에 2년 전과는 전혀 다른 모습으로 그곳에 설 수 있었습니다. 주님의 치유를 간증하는 순간 그곳에 모인 모든 성도님은 기쁨의 환호성과 함께 박수를 보내 주셨습니다. 마치 내 일처럼, 내 가족의 일처럼 진심으로 기뻐해 주셨습니다. 그 환호성은 아직도 우리 멤버들의 가슴속에 따뜻한 감동으로 남아 있습니다.

우리는 찬양사역자라는 이름으로 사람들 앞에 서지만 때로는 찬양을 하는 자리가 버겁게 느껴질 때도 있습니다. 하지만 우리의 감정과 문제를 뛰어넘어 믿음으로 주님 앞에 나아갈 때 주님은 우리를 놀랍게 회복시켜 주셨습니다. 우리는 그렇게 사역마다 도리어 많은 사랑을 받고 돌아왔습니다.

어느 날 히즈윌 보컬 지은이에게서 전화가 왔습니다. 지은이는 결혼 후 2년 가까이 되었는데도 아기가 생기지 않았습니다. 그래서 우리는 기도하며 지은이의 임신을 기다리고 있었습니다. 그날 지은이는 병원에서 검사를 받았고 자연 임신이 어렵다는 진단을 받았다고 했습니다. 저는 아이를 키우는 엄마로서 부모가 되는 것이 얼마나 행복하고 경이로운 일인지 잘 알기 때문에 너무나 마음이 아프고 속상했습니다.

지은이는 그날 예정되어 있던 사역의 자리에 서야 했는데 마음이 너무 힘들다며 저에게 기도를 부탁했습니다. 주님께 마음껏 투정도 부리지 못하고 마음을 정리할 시간도 없이 찬양하는 자리에 바로 서야 하는 것이 안타까웠습니다. 어떤 말로 위로하면 좋을지 고민이 되어 마음속으로 기도했습니다. 주님이 그 가운데 제게 주신 마음이 있었습니다. 그것은 문제를 보지 말고 감정을 뛰어넘어 믿음으로 감사하고 주님을 높이라는 마음이었습니다. 저는 지은이에게 이렇게 이야기해 주었습니다.

"지은아! 지금 우리 마음은 너무 힘들지만 언제나 우리에게 가장 좋은 것을 주시는 주님을 꽉 붙잡고 감정을 뛰어넘는 믿음의 찬양을 드리자!"

지은이는 그날 자신의 감정과 문제를 뛰어넘는 믿음의 찬양을 드렸습니다. 그리고 저는 그날 지은이를 위해 기도하면서 '믿음의 기도'라는 곡을 썼습니다. 그 곡은 '피아 워십'(F.I.A. Worship) 정규 음반에 실렸습니다.

그 후 얼마 되지 않아 지은이에게서 연락이 왔습니다. 놀랍게도 자연적으로 아기가 생겼다고 했습니다. 그렇게 기다리던 아기였는데, 병원에서도 어렵다고 했는데 이렇게 바로 주실 줄은 생각지도 못했습니다. 우리 모두 얼마나 기뻤는지 모릅니다. 그날 지은이가 믿음으로 드린 찬양을 주님이 너무나 기쁘게 받으셨다는 확신이 들었습니다.

일본을 향한 사랑이 부어졌습니다

히즈윌 보컬 서연이가 섬기는 교회에서 일본으로 단기선교를 가게 되었습니다. 그때 서연이는 히즈윌 곡을 일본어로 번역해서 선교지에 가져갔으면 좋겠다고 이야기해 주었습니다. 한 번도 생각해 보지 않았지만 또 그리 어려울 것 같지도 않았습니다. 이미 만들어 놓은 곡의 반주를 재사용하는 것이라 적은 예산으로 충분히 가능할 것 같았습니다. 그래서 저는 흔쾌히 승낙했습니다.

그런데 막상 음반 준비를 시작하니 보통 일이 아니었습니다. 그동안 작업을 많이 해 봤지만 다른 언어로 가사를 번역하는 일과 가수들이 일본어 발음을 연습해서 녹음하는 일은 한 번도 해 보지 않았던 작업이었습니다. 번역 비용까지 추가로 들어 예상보다 훨씬 많은 예산이 필요했습니다. 무엇보다도 제작비 대비 음반을 듣게 될 사람의 수요가 너무 적다는 것이 고민되었습니다.

하지만 번역된 일본어 가사로 찬양을 고백하면서 제 마음에 일본을 향한 주님의 사랑이 가득히 부어졌습니다. 이 찬양을 통해서 한 영혼이라도 주님께로 돌아온다면 돈과 시간이 얼마가 들든지 상관없이 최선을 다해야겠다는 생각이 들었습니다. 우리 찬양이 일본 사람들에게 복음을 전하는 통로가 되면 좋겠다는 생각이 간절해졌습니다.

동시에 고민이 되는 부분도 있었습니다. 바로 언어의 벽을 넘는 일이었습니다.

'어떻게 하면 일본 사람들에게 가사의 내용을 가장 잘 전달할 수 있을까?'

저는 이 부분을 해결하기 위해 한국어를 아주 잘하는 일본 사람, 일본어를 아주 잘하는 한국 사람, 그리고 두 언어를 모두 이해하면서도 음악을 잘 아는 사람을 만났습니다. 이렇게 총 네 명의 번역가를 통해서 가사를 번역했고, 원어민에게 발음 수업을 받아 가며 열심히 준비했습니다.

결국 일본어 음반은 정규앨범을 내는 것 이상의 연습 시간과 제작 비용이 들었습니다. 하지만 일본을 향한 사랑으로 기쁘게 깨뜨린 제 옥합을 주님이 너무 기뻐하신다는 마음을 주셨습니다. 일본어 음반이 완성되어 실물을 받아 보던 날 주님은 제 마음속에 이런 음성을 주셨습니다.

"진숙아, 고마워!"

그 음성 하나로 저는 그동안의 고생은 다 잊고 뛸 듯이 기뻤습니다.

일본에서 부를 노래가 생기고 나니 현지에서 초청이 이어졌고 생각지 못한 일본 찬양 선교의 길이 열렸습니다. 그 후로 히즈윌은 일 년에 몇 차례씩 일본으로 선교를 가게 되었습니다. 우리는 사역을 위해 일본어 선생님을 모시고 일본어 회화를 배우며 선교를 준비했습니다. 그렇게 해서 한시간 정도의 공연은 통역 없이 일본어로 진행할 수 있게 되었습니다.

일본 교토 사역 중에 있었던 일입니다. 우리는 한국인 선교사님 부부가 운영하는 '안방'이라는 한식당 2층에서 공연을 했습니다. 그곳은 앞으로 예배당으로 사용하기 위해 공사를 한 곳이었습니다. 두 번의 토요일 공연을 잘 마치고 다음 날 주일이 되어 일본 분들과 함께 모여서 예배를 드렸습니다. 마지막 순서로 서로를 축복하는 시간이 있었는데 우리는 다 같이 '당신은 사랑받기 위해 태어난 사람'을 불렀습니다. 그 곡은 전혀 슬픈 곡이 아니었음에도 갑자기 이유를 알 수 없는 눈물이 터졌습니다. 통곡에 가까운 눈물이었습니다. 그런데 주위를 둘러보니 그곳에 모인 모든 사람이 저와 같이 울고 있었습니다. 덩치 큰 막내 성범이도 어깨를 들썩이며 주체할 수 없이 눈물을 흘리고 있었습니다.

그날의 눈물은 저희의 눈물이 아니었습니다. 성령님이 강하게 역사하심으로 그분의 눈물을 우리에게 주신 것이었습니다. 일본을 향한 주님의 마음이 어떠하신지 우리는 그 통곡의 눈물을 통해 조금이나마 알 수 있었습니다. 그곳에서 만났던 한 분 한 분이 아직도 기억에 남습니다. 무엇보다도 거기서 경험한 성령님의 눈물은 제 평생 잊지 못할 것 같습니다.

··· 이해타산은 접어 두고 주님만 따릅니다

그 후 제게는 또 다른 고민이 하나 생겼습니다. 히즈윌 곡들은 찬양이다 보니 하나님을 믿는 사람들이 주로 듣게 되는데, 하나님을 모르는 사람들에게도 이 곡들을 나누고 싶은 마음이 생겼습니다. 주님이 주신 감동으로 기도하며 쓴 곡들이니 믿음이 없더라도 듣는 사람의 영혼에 성령의 역사가 일어나지 않을까 하는 생각이 들었습니다. 다윗의 수금 연주가 사울을 사로잡고 있던 악령을 떠나게 했던 것처럼 말이지요. 그리고 그때 떠오른 것이 바로 연주 음반이었습니다.

누구나 편안하게 들을 수 있도록 바이올린 선율로 찬양을 제작해야겠다는 생각이 들었습니다. 하지만 다른 한편으로는 '과연 누가 이 음반을 들을까?' 하는 생각이 들었습니다. 히즈윌의 곡들은 찬송가처럼 잘 알려진 선율이 아닌 데다가 아직 히즈윌 찬양을 아는 사람도 그리 많지 않았기 때문에, 그런 곡으로 악기 연주를 하면 들을 사람이 없을 것 같았습니다. 그런데 주님은 또다시 이해타산은 접어 두고 내 음성을 따라오라고 하셨습니다.

그래서 저는 오랜 시간 알고 지내던 바이올리니스트 이신행과 작업을 하기로 했습니다. 신행이는 제가 부산에서 성가대 지휘를 하던 시절 성가대원이셨던 권사님의 딸이었고, 저는 당시 중학생이었던 신행이의 연주를 듣고 그녀의 팬이 되었습니다. 어린 나이였지만 신행이의 바이올린 연주에서는 첼로처럼 부드럽고 따뜻한 소리가 났습니다.

신행이가 오랜 유학 생활을 마치고 한국에 오자마자 저는 함께 음반 작업에 들어갔습니다. 비록 가사가 없는 연주

곡이지만 신행이는 마치 바이올린으로 노래를 하듯 온 마음을 다해서 연주해 주었습니다.

저는 음반이 나오자마자 가장 먼저 하나님을 믿지 않으셨던 제 형님에게 선물해 드렸습니다. 형님은 한때 바이올린을 전공하려던 적이 있었기 때문에 이 음반을 반가운 마음으로 잘 들어 주실 것 같았습니다. 그리고 형님이 이 곡들을 통해 그저 마음이 편안해지기만 해도 좋을 것 같다고 생각했습니다. 나중에 형님은 제게 놀라운 이야기를 해 주셨습니다.

"진숙아! 이 연주 음반을 듣다 보니 곡이 너무 좋아서 유튜브에서 노랫말까지 다 찾아 봤어."

그러면서 하나님을 믿지 않는데도 찬양을 들으니 눈물이 났다고 하셨습니다. 그 후로 얼마 지나지 않아 형님은 하나님을 만났습니다. 하나님은 우리 가정에 한 영혼이 주님께로 돌아오는 가장 큰 선물을 주셨습니다.

남들과 다른 길을 가지만,

주님이 인도하시기에

흔들림 없이 그 길을 걸어갑니다.

찬송
HisWill 7 - Part 1

믿음이 실제가 되는 순간

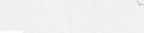

믿음이 실제가 되는 순간
모든 걱정은 기대로 바뀌죠
믿음이 실제가 되는 순간
하늘의 역사는 시작 되죠

일렁이는 파도를 보면
파도처럼 나도 흔들리지만
저기 물 위를 걸어오시는 분
주님께 내 믿음 드릴 때

난 물 위를 걷게 되죠
상상조차 못 했던 일이지만
난 주님과 함께 걷네
믿음이 실제가 되는 순간

사람들을 의식할 때면
나는 너무 작게 느껴지지만
저기 물 위를 걸어오시는 분
주님께 내 믿음 드릴 때

난 물 위를 걷게 되죠
내 힘 아닌 주님의 능력으로
난 주님과 함께 걷네
믿음이 실제가 되는 순간

믿음으로 한 걸음 뗄 때 주님과 물 위를 걷습니다

생각하는 것을 행동으로 옮기는 순간이 있듯이 마음속의 믿음을 삶으로 살아 내는 순간이 있습니다. 그 순간을 저는 '믿음이 실제가 되는 순간'이라고 부릅니다.

히즈윌 사역을 시작하면서 저는 물 위를 걷는 베드로의 마음에 백번 공감할 수 있었습니다. 저도 베드로처럼 일단 용기를 내어 믿음으로 한 걸음을 떼기는 했는데 계속 앞으로 걸어가려니 너무 두렵고 막막했기 때문입니다.

"음반의 퀄리티가 낮다"라거나 "이런 음반이라면 아무나 다 만들겠다"같은 이야기를 들을 때면 수많은 고민과 염려가 저를 사로잡았습니다. 그때마다 저는 주님 한 분께만 시선을 고정했습니다. 그러면 정말 신기하게도 주위의 평가에 전혀 흔들리지 않게 되었습니다.

어떤 분들은 베드로를 보며 위험하게 굳이 왜 물 위를 걸으려 하냐고 물을지도 모릅니다. 하지만 믿음의 도전을 통해 우리는 일상 속에서 주님의 놀라운 능력을 경험하며 살 수 있습니다. 결국 무모해 보여도 믿음의 도전을 했던 베드로만이 주님과 함께 물 위를 걷는 특별한 경험을 했으니까요.

이 곡을 듣는 많은 분의 삶 가운데 날마다 '믿음이 실제가 되는 순간'들이 가득하기를 축복합니다.

주님이 인도해 주신
자리가 가장 안전합니다

···　제 삶이 은혜의 통로였습니다

최근 주님은 제게 새로운 사역을 맡기셨습니다. 그것은 주님이 하신 일들을 간증하는 자리에 서는 일입니다. 처음 간증자로 제안받았을 때 저는 매번 거절했습니다. 그러고 나면 늘 마음 한편이 불편했습니다. 아마도 주님의 부르심을 자꾸만 외면하고 있다는 마음이 들어서였던 것 같습니다.

사실 그렇게 거절한 데는 이유가 있습니다. 저는 많은 사람 앞에 서는 것이 참 힘듭니다. 언젠가 극심한 스트레스로 공황장애 증상을 몇 번 경험한 후로 아주 밀폐된 곳이나 사람이 많이 모인 자리에 설 때면 예기불안*이 찾아왔습니다. '여기서 불안 증상이 나타나면 안 되는데…' 하고 생각하는

---

* 공황장애 환자들이 겪는, 공황 발작이 일어날지도 모른다는 공포.

순간 갑자기 호흡이 가빠지고 시야가 좁아지면서 곧 쓰러질 것 같은 두려움을 느꼈습니다. 그럴 때는 몇 번이고 심호흡하면서 제 안의 두려움과 싸워야 했습니다. 주님을 전하는 기쁨의 자리이지만, 그럴 때면 저는 그 싸움이 너무나 힘들어서 정말로 피하고 싶었습니다.

그리고 또 다른 이유는 제 삶이 드러나는 것이 너무 부담스럽기 때문입니다. 히즈윌 찬양을 통해 주님을 만나고 은혜를 받는 사람들을 보면서 내 인간적인 모습들이 그분들께 오히려 시험이 되지 않을까 하는 마음이 있었습니다. 저는 찬양을 작곡하면서 전심으로 고백하며 가사를 쓰지만 날마다 아이들과 씨름하면서 지칠 때도 많습니다. 그럴 때면 주님이 이런 내 모습은 밖으로 드러내지 마시고 가려 주셨으면 하고 생각하곤 합니다. 하지만 주님은 저를 사용하겠다고 부르십니다. 그 부르심을 못 들은 척하며 버티고 있으려니 그것 또한 괴로웠습니다.

그러던 어느 날 주님은 마음속으로 "진숙아 너의 이야기 말고 내 이야기를 하면 되잖니?"라고 말씀하셨습니다. 저는 제게 맞춰진 시선을 옮겨서 주님을 바라보았습니다. 그제야 비로소 부족한 저 자신을 정죄하는 마음을 내려놓고 주님을 높이는 마음으로 간증의 자리에 설 수 있게 되었습니다.

어려운 순종의 걸음을 떼어 저는 다니엘 기도회의 간증자로 섰습니다. 단상에 서자마자 역시나 불안감으로 호흡이 가빠지고 곧 쓰러질 것 같은 두려움이 찾아왔습니다. 저는 마음속으로 기도하며 두려움과 싸웠고 제 삶에 역사하신 하나님을 담대하게 나누었습니다. 그리고 집으로 돌아온 후 정말 많은 사람들로부터 메일을 받았습니다. 메일에는 저보다도 훨씬 힘든 삶을 견디며 살아온 사람들의 주옥같은 간증이 담겨 있었습니다. 그런데 그분들은 오히려 제 간증에 감동의 눈물을 흘리며 위로와 도전을 받았다고 하셨습니다.

솔직하게 나눈 제 삶을 통해 나와 같은 아픔을 가진 다른 사람이 공감하고 위로를 받는다는 사실이 감격이었습니다. 또 제 순종이 누군가에게 도전이 되고, 주님이 제게 주신 선물이 누군가에게 소망이 된다는 것을 알게 됐습니다. 제 삶이 은혜의 통로로 사용된다는 것이 무척 감사했습니다.

··· 내가 있어야 할 자리로 돌아오니
감사가 넘칩니다

연락이 오는 모든 사역에 응할 수는 없지만, 청년 예배에서 초청이 오면 되도록 꼭 가려고 합니다. 청년들이 주님의 손을 꼭 잡고 승리하면 앞으로 그들이 이루게 될 가정이 천국과도 같을 것이고, 또 그 안에서 자라난 아이들이 믿음으로 세상을 살아가게 되면 이 나라가 주님 안에서 새로워질 것이라는 믿음이 있기 때문입니다.

최근에 청년부 예배 간증자로 섰을 때의 일입니다. 저는 지난 몇 달가량 단 하루도 쉬지 못하고 바쁜 시간을 보냈습니다. 육아와 합창단 지휘, 그리고 간증 사역과 영어시험 준비를 동시에 하며 몸에 무리가 되는 것을 느꼈지만 조금만 더 버텨 보자며 참고 지냈습니다. 그러던 어느 날 극심한 복통을 느꼈습니다. 검사 결과 담낭염이었습니다. 병원에서는 혹시라도 열이 오르면 바로 응급수술을 해야 한다고 했습니다. 갑자기 머릿속이 하얗게 되었습니다.

'수술? 내가 지금 해야 할 일이 얼마나 많은데, 수술을 받으면 그 일들은 이제 어떻게 되는 거지?'

게다가 초음파 상 담낭의 모양이 좋지 않아서 CT 촬영을 했는데, 생각지도 못하게 췌장에서 혹이 발견되었습니다. 갑작스러운 상황에 많은 생각이 스쳐 지나갔습니다.

정확한 상태를 파악하기 위해 한 주 뒤에 MRI 검사를 받기로 했습니다. 마침 검사일이 제가 청년들을 만나러 가기로 한 날이었습니다. 저는 검사를 미룰 수도 없었고 검사 때문에 사역을 취소할 수도 없었습니다. 혹시나 그날 결과가

안 좋게 나와서 크게 낙담한 상태로 청년들을 만나게 된다면 정말 끔찍할 것 같았습니다.

저는 그날부터 앞으로의 목표를 검사 결과와 상관없이 매일 감사로 사는 것으로 정했습니다. 매 순간 마음에 갖가지 부정적인 생각들이 밀려왔고, 그럴 때마다 믿음의 싸움을 해야 했습니다. 주님께 간절히 매달리며 내 모든 것, 내 생명까지도 주님 앞에 복종시키고 주님의 인도하심을 구했습니다.

사실 그동안 주님이 여러 번 위험 신호를 주셨습니다. 하지만 저는 제가 맡은 일은 꼭 해내고야 마는 성격이라서 무리가 되는 줄 알면서도 멈추지 못하고 계속 달렸습니다. 그렇게 돌아보니 제 삶은 주님의 얼굴을 구하기보다는 맡겨진 일을 처리하느라 급급했습니다. 마치 성경 속의 '마르다' 같았습니다. 주님의 일을 한다고 하면서 주님이 멈추라는 신호를 주셨는데 멈추지 못했습니다. 오히려 병이 나니 할 일은 태산 같은데 왜 더욱 힘들게 하시냐고 도리어 주님께 화를 냈습니다.

그런데 하루하루 주님께 매달리고 주님을 찾다 보니 이전까지의 내 자리가 한참 잘못되어 있었던 것을 깨달았습니다. 나는 주님을 따라가야 하는 양인데 오히려 내가 목자를 끌고 가고 있었다는 사실을 알게 되었습니다.

'이제야 비로소 내가 있어야 할 자리로 돌아왔구나, 선한 목자이신 주님만 바라보고 있는 지금 나는 가장 안전한 곳에 있구나. 주님, 감사합니다!'

저는 그날로 내 마음대로 살아가던 자리를 털고 일어났습니다. 내가 있어야 할 자리를 깨닫고 그곳에 머물자 문제들은 작게 보이기 시작했고 제 마음은 세상이 줄 수 없는 평안으로 가득 찼습니다.

드디어 검사를 받는 날이 되었습니다. 췌장의 혹은 다행히 암이 아니었습니다. 하지만 얼마든지 암으로 넘어갈 수 있는 종류의 혹이라서 평생 추적하며 지켜봐야 한다고 했습니다. 그냥 물혹이었다면 마음이 훨씬 편했겠지만 저를 사랑하시는 주님이 제게 가장 좋은 것을 주셨다고 믿습니다. 혹을 통해 기도하게 하시고, 균형 잡힌 삶을 살아가게 하시고, 내 생명의 주인이 주님이심을 날마다 고백하게 하시니 주님께 감사할 뿐입니다. 저는 그날 청년들을 만나서 뜨거운 마음으로 이렇게 나누었습니다.

"주님의 인도하심을 받는 자리가 우리가 있어야 할 자리이고, 그 자리에 있을 때 우리는 가장 안전하고 행복하답니다. 우리 목자 되신 주님을 잘 따라가요."

믿음이 없이는

주님 제 마음이 너무 둔해서
주님을 볼 수 없습니다
이 땅에 속하여 이 땅만 보다가
주님 손을 놓쳤습니다

나는 나그네로 왔는데
왜 주저앉게 되었나
나는 청지기인데
언제부터 내 삶에 주인이 되어 버렸나

믿음이 없이는 기쁘시게 못하나니
고된 수고도 다 헛될 뿐이라
믿음이 없어서 무너진 삶의 모든 자리에
다시 주님을 기다립니다

믿음이 없어서 믿음이 더 간절했습니다

만약 누군가 제 삶에서 영적으로 또 육체적으로 가장 힘들었던 시간이 언제였는지 묻는다면 저는 주저 없이 첫째 아이를 낳고 키웠던 2년의 시간이라고 대답할 것입니다.

주님이 주신 아이는 너무나 사랑스러웠습니다. 아이를 통해 그전에는 결코 알 수 없었던 삶의 깊은 행복을 느꼈습니다. 하지만 한 생명을 책임지고 양육하는 것이 여간 힘든 일이 아니었습니다. 아이가 돌이 될 때까지 저는 한 번도 두 시간 반 이상 연달아 잠을 자 본 적이 없었습니다. 가끔 땅이 흔들리는 것 같은 느낌을 받았는데 그건 땅이 아니라 제가 흔들렸던 것이었습니다.

그렇게 아이를 낳아 키우기 시작하니 제 삶에 아이의 삶까지 더해져서 사는 것이 너무나 고단했습니다. 하루하루 아이와 힘겹게 씨름하다 보니 어느새 저는 이 땅만 보면서 살아가게 되었습니다. 아이의 필요를 채우는 것이 제 삶의 우선이되기 시작하면서 예배를 드려도 감동이 없었고 고된 육아로 마음이 늘 우울했습니다.

그렇다고 해서 사명으로 받은 히즈윌 사역을 마냥 내려놓을 수 없었습니다. 그래서 잠든 아이가 일어나기 전 이른 새벽에 저는 피아노 앞에 앉았습니다. 그리고 다시 곡을 쓰기 시작했습니다. 믿음이 없는 상황에서 곡을 쓰다 보니 곡의 가사들이 온통 믿음 없는 내 모습을 고백하고 믿음을 간절히 구하는 내용뿐이었습니다. 오죽하면 음반 제목이 '믿음이 필요해'였을까요.

히즈윌 음반은 마치 일기장과도 같아서 제 신앙적 고민이 고스란히 담겨 있습니다. 1집과 2집은 하나님을 향한 뜨거움으로 가득했던 20대 때의 고백이 담겼고, 3집은 만만치 않았던 삶과 부딪치며 흘렸던 눈물이 담겼습니다. 4집은 결혼 이후 누렸던 선물과도 같은 삶이 담겼습니다. 그리고 5집을 작업할 때 저는 제 믿음 없음을 탄식하며 영혼의 회복을 간절히 구했습니다.

원래 이 곡은 5집에 수록될 곡이 아니었습니다. 5집에 실릴 곡들은 이미 모두 준비되어 있었습니다. 그런데 멤버들과 5집 수록곡 연습을 하기로 한 날 이른 아침, 하나님은 믿음 없이 살았던 제 삶을 눈물로 회개하게 하셨습니다. 그 순간 가사와 멜로디가 머릿속에서 쏟아져 나왔고 저는 그냥 받아 적듯이 이 곡을 썼습니다. 마치 주님이 5집 음반을 통해 저와 같은 사람들을 회복시키시려고 제게 특별하게 주신 곡이라는 생각이 들었습니다.

히즈윌이 시작된 지 어느덧 15년이 지났습니다. 긴 시간 동안 함께 히즈윌을 만들어 온 동역자들은 제게 가족과 다름없습니다. 히즈윌 가족 모두는 이 길을 가는 제게 주님이 주신 가장 큰 위로이고 선물입니다. 그중 몇 사람을 소개하고 싶습니다.

···   곡에 날개를 달아 주는 편곡자 진모와 창대

히즈윌을 시작하면서 지금까지 함께해 준 편곡자가 두 명 있습니다. 제 동갑내기 친구들인데, 피아노를 아주 잘 치는 창대와 기타를 아주 잘 치는 진모입니다. 히즈윌 1집 전곡은 진모가, 2집 전곡은 창대가 편곡해 주었습니다. 그러다가 저는 각자의 장점을 한 음반에 모두 담고 싶다는 생각이 들었습니다. 그래서 3집부터는 모든 음반을 두 사람과 함께

작업하고 있습니다.

진모는 고등학교 때 학생신앙운동(SFC) 동문으로 만났습니다. 우리는 팀으로 찬양 축제를 준비했는데, 그때 진모는 드럼을 치고 저는 건반을 쳤습니다. 당시 진모는 작곡으로, 저는 성악으로 진학을 준비했습니다. 우리는 음악을 한다는 공통점 덕분에 꽤 친하게 지냈습니다. 그 당시 우리는 종종 이런 이야기를 주고받았습니다. 나중에 진모가 곡을 쓰게 되면 제가 노래를 불러 주기로요. 그런데 생각지도 못하게 제가 작곡을 하고 있습니다.

대학에 진학하고 나서는 한동안 연락이 끊어졌는데, 음반 제작을 결심하고 한 걸음씩 도움받을 사람들을 만나던 중 이 소중한 친구를 다시 만나게 되었습니다. 그리고 우리는 히즈윌 1집을 함께 작업했습니다. 진모의 기타 소리는 그의 성격처럼 듣는 사람의 마음을 편안하고 따뜻하게 해 줍니다. 그 소리가 너무 좋아서 저는 히즈윌 음반마다 통기타 반주로만 된 곡들을 항상 넣고 있습니다.

창대는 지인의 소개로 처음 만났습니다. 내 평생 피아노를 이렇게 잘 치는 남자는 본 적이 없습니다. 마치 피아노에서 음표가 튀어나와서 춤을 추는 느낌이랄까요. 히즈윌의 곡을 듣는 분들도 창대의 특별한 연주 실력을 많이들 알아

보는 것 같습니다. 창대가 연주한 '곁눈질'의 피아노 반주 악보 문의가 얼마나 많았는지 모릅니다.

사실 작사를 하고 멜로디를 쓰는 일은 곡의 뼈대를 세우는 정도의 일이지만 거기에 살을 붙이고 옷을 입혀 날개를 달아 주는 일은 편곡자인 두 친구가 해 줍니다. 이 두 친구가 없었더라면 지금의 히즈월 곡들은 없었을 것입니다.

처음 음반 작업을 시작한 20대 중반에는 아주 적은 편곡비를 주고 시작했습니다. 저야 자비량 사역이라 생각하고 걷는 길이었지만 돈을 생각하지 않고 함께해 준 편곡자들에게는 항상 감사한 마음뿐입니다. 그래서 매번 새로운 음반을 시작할 때마다 조금씩이라도 편곡비를 올려 주었습니다. 감사하게도 주님은 제가 그렇게 할 수 있도록 해 주셨습니다. 이제는 세월이 흘러서 다들 프로가 되어 멋진 음악인으로 자리를 잡았습니다.

어느날 저 없이 진모와 창대 둘이 만나서 이런 이야기를 했다고 합니다.

"우리는 진숙이랑 평생 노예 계약이 되어 있다아이가."

그렇게 평생 히즈월로 함께해 줄 생각이라면 저야말로 정말 고맙지요!

··· 꾀꼬리 서연이와의 첫 만남

대학원 진학을 위해 서울로 온 저는 제일 먼저 교회를 정했습니다. 그 교회에는 젊은이 교회가 따로 있었는데, 청년 예배에 등록하기 위해서는 2주 동안 새가족 양육 훈련을 받아야 했습니다. 저는 첫 주 훈련에 참석하고 몸이 아파서 예정보다 한 주 늦게 2주차 새가족 모임에 참여하게 되었습니다.

그날 같이 교육받은 사람들이 낯설어 서로 서먹해하다가, 훈련을 마칠 때쯤 바로 옆에 앉은 자매에게 말을 걸었습니다.

"예배 후에 있는 셀 모임에 등록해야 하는데, 자매님은 무슨 셀에 갈 거예요?"

"저는 '행복한 아티스트 셀'에 갈 거예요."

"어, 저도 거기 가 볼까 했는데, 혹시 무슨 전공인지 물어봐도 될까요?"

"저는 노래 불러요."

"어, 저는 곡을 쓰는데! 목소리가 너무 궁금하네요. 그럼 우리 바로 옆방으로 가서 노래 한번 불러 볼까요?"

"네, 좋아요!"

그날 저는 그렇게 서연이를 처음 만났습니다. 알고 보니 서연이는 고등학생 때 미국으로 건너가 10년 가량의 유학 생활을 마치고 막 한국으로 돌아온 참이었습니다. 그래서 앞으로 다닐 교회를 찾고 있었던 것이지요. 저 역시 30년간 살았던 고향 부산을 떠나 서울로 오게 됐고, 우리는 비슷한 처지로 한 교회에서 새가족으로 만나게 되었습니다.

'나도 바보처럼 살래요' '널 위해' '하루' '부메랑' '밤' '그 얘기 들어 봤니' '마음 청소' '어느 날 문득' 등, 서연이는 그 후 10년간 히즈윌의 수많은 곡을 부르게 되었습니다. 서연이가 있어서 이 곡들이 가장 어울리는 옷을 입고 세상에 나올 수 있었습니다.

주님은 새벽 숲속에서 들리는 청아한 꾀꼬리 같은 목소리를 가진 서연이와 이렇게 만남을 주선해 주셨습니다.

··· 동욱이만이 낼 수 있었던 목소리

동욱이는 시시콜콜 자기 이야기를 하는 스타일이 아닙니다. 그래서 우리 멤버들은 동욱이가 지나온 삶을 방송과 같은 공식적인 자리에서 처음 듣곤 합니다. 가끔 우리끼리 우스갯소리로 말합니다. 동욱이는 정말 양파 같은 남자라고요. 10년을 알아 왔지만 아직도 처음 듣는 이야기가 많습니다.

동욱이는 히즈윌 노래 중 '광야를 지나며'를 불렀는데, 얼마 전 CBS '새롭게 하소서'에 나와서 나눈 동욱이의 간증을 듣고 '하나님이 이 곡을 동욱이에게 부르게 하신 이유가 있었구나'라는 생각을 했습니다. 광야를 지나온 동욱이가 '광야를 지나며'를 불러 주어서 그토록 많은 사람이 공감하며 눈물을 흘렸나 봅니다.

동욱이는 대학원을 함께 다니던 친구의 소개로 만났습니다. 아무 연고도 없는 서울에서 남자 가수를 찾는 것이 쉽지 않아서 마냥 기도만 하던 중이었습니다. 어느 날 대학원 친구가 노래도, 외모도, 성품도 너무 뛰어난 친구가 있다며 그 친구를 소개해 주고 싶다고 했습니다. 그가 동욱이였습니다. 동욱이는 듣던 대로 외모도 멋지고 성품도 좋아 보였습니다. 노래도 들어 보면 좋았겠지만, 저는 감히 오디션을 볼 엄두를 내지 못했습니다. 음악을 하는 친구가 노래를 잘한다고 했으니 당연히 잘하겠거니 싶었습니다. 저는 동욱이에게 남자 보컬이 꼭 불렀으면 했던 곡 '광야를 지나며'를 불러 달라고 부탁했고 동욱이는 흔쾌히 승낙했습니다.

첫 연습을 위해 서연이와 다 같이 만난 날 저는 동욱이의 목소리를 듣고 깜짝 놀랐습니다. CCM에서는 물론 태어나서 한 번도 들어보지 못했던 음색이었습니다.

'어, 내가 생각했던 광야는 이게 아닌데….'

문제는 제가 생각했던 음색과 너무 달랐다는 것입니다. 저는 가사 전달을 아주 중요하게 생각하는데 곡의 가사에 비해 음색이 너무 화려하다는 생각이 들었습니다. 그래서 연습할 때도, 녹음실에서도 소리를 조금 더 풀어서 내 달라며 이런저런 요구를 했습니다. 그런데 그러면 그럴수록 점점 더 작업이 힘들어졌습니다.

'주님이 동욱이를 만나게 하신 이유가 있을 거야. 너무 내 주장대로 끌고 가지 말고 가수가 원하는 방향을 존중하자.'

주님은 프로듀서인 제가 마음대로 소리를 끌고 가는 것보다는 주님이 만나게 하신 보컬들을 존중하며 서로 조금씩 양보해서 의견을 맞춰 나가야 한다는 마음을 주셨습니다.

그렇게 '광야를 지나며'가 세상에 나왔습니다. 그리고 저는 정말이지 괜한 걱정을 했다는 사실을 알았습니다. 정말 많은 분이 이 곡을 들어 주셨고, 곡을 통해 받은 은혜들을 나누어 주셨습니다.

그리고 정말 많은 문의를 받았습니다. 이 곡을 부른 가수가 도대체 누구냐고요. 음색이 너무 멋지다고 말이죠.

히즈윌 3집을 작업하면서 저와 서연이는 다음 음반 작업에는 풍부한 저음의 여자 보컬이 함께하면 좋겠다는 생각을 했습니다. 어떤 자매가 좋을까 고민하던 중 함께 예배를 드리던 젊은이 예배의 찬양 인도자가 생각났습니다.

제가 서연이에게 "강지은 자매는 어떨까?"라고 말하는 순간 서연이와 제 눈에 스파크가 튀었습니다. 마음이 통했습니다. 서연이는 그 자매와 함께한다면 너무 좋겠다며 벌써부터 신이 났습니다.

지은이는 히즈윌의 모든 저음을 따뜻하고 풍성하게 담당해 주고 있습니다. 목소리도 그렇지만 마음도 참 따뜻하고 유머 감각도 뛰어나서 히즈윌의 분위기 메이커입니다.

제가 가장 먼저 결혼하고 그다음 지은이와 단짝으로 붙어 다니던 서연이가 결혼했습니다. 그러고 나니 지은이가 우리를 너무 부러워하기 시작했습니다. 결혼을 놓고 오랫동안 기도해 왔지만 만남이 잘 이뤄지지 않자 지은이는 결혼을 포기해야 하는 건가 하는 생각까지 했습니다. 그러던 중에 히즈윌은 일본으로 찬양 사역을 떠나게 되었습니다.

일본 선교사님은 우리의 공항 픽업을 위해 일본 교회의 신실한 한국인 형제님을 연결해 주셨습니다. 그 형제님은 공항 픽업부터 모든 사역을 마칠 때까지 우리 팀을 정말 잘 섬겨 주셨습니다. 성품도 좋고 믿음도 좋은 형제님을 우리 팀 멤버 모두가 입이 마르도록 칭찬했습니다. 형제님은 대학 졸업 후 일본으로 가서 10년째 일본에 있는 회사에 다니고 있었고, 마침 싱글이었습니다.

그때부터 함께 간 히즈윌 멤버들과 또 일본에 계신 선교사님 모두가 지은이 시집보내기 작전에 돌입했습니다. 형제님과 지은이가 서로 친해지도록 이동할 때마다 암묵적으로 서로의 옆자리에 앉혔습니다. 지은이는 주변에서 다들 형제님이 너무 멋지다고 얘기하니 어느 순간부터 그분에게 호감이 생기기 시작했다고 합니다.

지은이는 결국 형제님의 좋은 성품에 마음이 열려서 한국에 돌아와서도 계속 연락을 이어 갔고, 곧 두 사람이 교제를 시작했다는 기쁜 소식이 들렸습니다. 그리고 얼마 지나지 않아서 둘은 결혼했습니다.

결혼 후 두 사람은 일본에서 지냈습니다. 지은이가 일본에서 살게 되니 히즈윌 안에서 지은이의 빈자리가 너무 크게 느껴졌습니다. 그런데 일 년 뒤 생각지도 못하게 형제님이 한국에서 일하게 되면서 지은이가 다시 한국으로 돌아왔습니다. 우리는 뛸 듯이 기뻤습니다. 저는 이때다 싶어서 서

둘러 7집 음반 작업을 진행했고, 히즈윌은 다시 완전체로 사역을 이어 갈 수 있게 되었습니다.

히즈윌 일본어 음반을 볼 때면 늘 지은이 가정이 떠오릅니다. 그때 주님께 순종해서 일본어 음반을 제작하기를 정말 잘했다는 생각이 듭니다. 일본어 음반은 일본의 영혼들을 위한 사역이기도 했지만 우리 지은이의 삶에도 큰 선물이 되었으니까요.

··· 막내 성범이가 달라졌어요

4집 음반을 준비하면서 히즈윌에 남자 보컬이 한 명 더 있으면 좋겠다는 생각이 들었습니다. 그러던 중 제가 지휘하는 어린이합창단의 반주자가 자신의 남자친구가 실용음악 보컬 전공이라며 노래를 아주 잘한다고 이야기해 주었습니다. 그 반주자는 제가 신임하기도 했고 가족처럼 아끼는 동생이었기 때문에 이 친구의 소개라면 한번 만나 볼 만하겠다는 생각이 들었습니다. 그렇게 저는 성범이를 처음 만났습니다.

성범이의 첫인상은 제 예상과는 너무 달랐습니다. 다소 어두워 보이기도 했고 무엇보다 저를 불편해하는 느낌이 들었습니다. 그 후 성범이와 조금 더 많은 이야기를 나누게 되면서 저는 성범이가 주님과 많이 멀어져 있다는 것을 알게 되었습니다. 그런 와중에도 성범이는 찬양을 함께하고 싶어 했고 저는 성범이가 히즈윌 찬양을 연습하고 녹음하는 과정을 통해 다시 뜨겁게 주님을 만났으면 하고 기대했습니다.

본격적으로 연습을 시작했습니다. 그런데 막상 같이 연습에 들어가니 생각보다 부딪히는 일이 많았습니다. 저는 무슨 일이든 열정적으로 뛰어드는 편이라 저와 같이 적극적인 사람들과 일하는 것을 좋아했습니다. 그런데 성범이는 그런 저와는 달리 모든 연습에 너무 소극적인 모습을 보였습니다. 하지만 막상 히즈윌에서 함께 찬양을 하고 싶은 것이 맞냐고 물어보면 하고 싶다고 했습니다. 저는 성범이를 볼 때마다 복잡한 마음이 들었습니다. 성범이가 조금 더 책임감 있게 참여해 주었으면 하는 마음과 함께 주님과의 관계도 뜨겁게 회복되었으면 하는 마음이 컸습니다.

제가 억지로 성범이를 끌고 가는 것 같아서 성범이와의 음반 준비를 포기하고 싶을 때도 있었습니다. 그런데 그럴 때면 '성범이가 하나님께 찬양하고 싶다는데 내가 감히 뭐라고 그만두라고 할 수 있을까' 싶은 마음이 들었습니다. 저는 제 속도에 성범이를 맞추려고 끌어당기던 노력을 내려놓았습니다. 그 대신 천천히 기다려 줘야겠다고 다짐했습니다. 다른 히즈윌 멤버들 모두 저와 같은 마음으로 성범이를 격려와 사랑으로 기다려 주었고, 저희는 사역의 자리에 설 때마다 '우리 막내'라고 부르며 성범이를 응원했습니다.

찬양과 기도의 힘일까요? 사역을 거듭할수록 성범이의 믿음은 점점 더 견고해졌습니다. 처음 만났던 어두운 모습은 온데간데없고 앞에 서기만 해도 웃음을 주는 귀여운 아이콘이 되었습니다. 그리고 사역 중에 나누는 성범이의 간증은 함께하는 히즈윌 멤버들에게도 큰 감동이 되었습니다.

코로나로 2년 가까이 현장 사역을 하지 못하게 된 사이 성범이에게는 많은 일이 있었습니다. 성범이는 실용음악 학원을 차렸고 많은 학생을 가르치는 선생님이 되었습니다. 학원의 크고 작은 문제들을 해결하고 힘든 과정을 이겨 내면서 성범이는 어느덧 막내가 아니라 듬직한 어른이 되었습니다.

지은이가 일본에서 돌아오고 7집 음반을 준비하기 위해 아주 오랜만에 히즈윌 멤버들이 모두 모였습니다. 그때 성범이가 이런 이야기를 나누었습니다. 그동안 찬양하는 이 자리가 너무 그리웠다고 말이지요. 그리고 그간 함께하는 사람들의 마음을 헤아리지 못해서 미안했다고 했습니다. 저는 그 이야기를 들으면서 정말 눈물이 날 뻔했습니다. 히즈월 공동체 안에서 영혼의 성장이 일어나고 또 그것을 함께 지켜볼 수 있다는 것이 너무 귀한 일이라는 생각이 들었습니다.

7집 음반을 만드는 과정에서 성범이는 정말 최선을 다해 녹음에 임해 주었습니다. 연습 때마다 저는 성범이가 준비한 찬양에 매번 큰 감동을 받았습니다. 그리고 다시 시작한 현장 사역에서 성범이가 얼마나 열정적으로 찬양했는지 스피커가 다 터질 것 같았습니다. 사역에 임하는 모습도, 약속을 지키는 모습도 전혀 다른 사람이 된 듯 달라져 있습니다. 그렇게 달라진 성범이를 보며 우리는 장난스럽게 이야기합니다.

"우리 막내 성범이가 달라졌어요!"

··· 다시 꼭 함께하자 향란아

향란이는 제가 부산에서 히즈윌을 처음 시작할 때부터 제 든든한 동역자가 되어 주었습니다. 저는 향란이의 맑으면서도 한이 서린 것 같은 서정적인 목소리가 너무 좋아서 할 수만 있다면 앞으로도 계속 음반 작업을 함께하고 싶었습니다.

그런데 제가 서울로 공부하러 오면서 우리는 함께 만나

서 연습하는 것이 힘들어졌습니다. 하지만 저는 향란이의 목소리가 빠진 히즈윌 음반이 상상되지 않았습니다. 그래서 3집을 준비할 때는 서울에서 고속버스를 타고 향란이가 있는 울산까지 가서 연습을 하고 다시 서울로 돌아온 적도 있습니다. 그렇게 작업했던 곡이 '십자가로 나는 충분합니다'와 '무명이어도 좋아' 입니다.

'무명이어도 좋아'는 향란이가 특별히 남편 현표와 함께 듀엣으로 불렀습니다. 이 곡을 연습하기 전에 둘에게 정말 무명이어도 괜찮은지 심각하게 물어보았던 기억이 납니다. 다소 부담스러운 질문이었지만 현표, 향란 부부는 전혀 망설임 없이 무명이어도 좋다고 답해 주었고, 이 곡을 진심으로 기쁜 마음으로 불러 주었습니다. 저는 멀리 살지만 그렇게라도 향란이와 함께 작업하는 것이 좋았습니다.

3집을 작업하던 중 향란이에게 둘째 아이가 생겼습니다. 저는 녹음을 위해 서울까지 오는 향란이가 무리하는 것은 아닌지 걱정이 되었습니다. 그렇게 향란이는 무사히 3집 녹음을 마쳤고, 이후 출산과 육아에 전념했습니다. 저는 우리가 함께할 수 없는 시간은 잠시이고, 둘째가 크면 언젠가 다시 함께할 수 있으리라는 기대를 늘 가지고 있었습니다. 그런데 둘째가 조금 크니 곧바로 셋째가 생긴 게 아니겠어요? 저는 향란이와 통화할 때마다 늘 같은 이야기를 합니다.

"우리는 언제쯤 다시 함께할 수 있을까?"

그 후로 4집과 5집 정규음반이 발매되었고 6집을 작업할 때였습니다. 이제 세 아이가 조금 컸으니 이번에는 꼭 함께하자고 연락을 했습니다. 향란이도 흔쾌히 승낙했고 우리는 온라인 상으로 연습하며 녹음을 준비했습니다. 아직 아이들이 어려서 솔로 한 곡밖에는 함께하지 못했지만 앞으로는 점점 더 자유로워질 테니 내심 더 많은 곡들을 함께할 수 있겠다는 기대를 갖고 있었습니다.

그러던 어느 날 향란이에게 연락이 왔습니다. 넷째가 생겼다고요. 저는 축하와 동시에 또 늘 하던 이야기를 다시 할 수밖에 없었습니다.

"우리 언제쯤 다시 함께할 수 있을까?"

··· 더욱 끈끈한 가족이 되어 가고 있습니다

우리는 모두가 싱글일 때 만났는데 어느덧 시간이 흘러 다들 짝을 만나 결혼도 하고 자녀도 낳았습니다. 결혼을 하고 보니 히즈윌 사역은 구성원들의 헌신만으로 되는 일이 아님을 알게 되었습니다. 가족들의 지지와 희생 없이는 사역 한 번이 불가능하고 어렵다는 것을 깨달았습니다. 그래서 매년 연말에는 온 가족을 초청해서 히즈윌 가족모임을 가집니다. 그리고 온 가족이 함께 하룻밤을 보냅니다.

연말 가족 모임에서 우리는 주님 앞에서 한 해의 사역을 돌아보고 이런저런 마음속 이야기를 나눕니다. 좋았던 일과 또 힘들었던 일, 그리고 앞으로 개선하고 싶은 일들의 방향도 함께 나눕니다. 프로듀서로서의 제 이야기는 주로 이런 내용입니다.

"나는 우리가 어디로 가야 할지 잘 모르겠고, 내년도 어찌 될지 잘 모르고, 다음 음반도 언제 나올지 모르겠어요. 그냥 주님이 인도해 주시는 대로 그때그때 잘 따라갑시다!"

그리고 가족들에게도 감사의 인사를 전하며 앞으로도 계속 잘 부탁드린다는 의미로 식사를 함께 나눕니다.

처음 다섯 명으로 시작했던 모임이 이제는 배우자와 자녀가 함께 모이면서 엄청난 대가족이 되었습니다. 히즈윌의 2세들은 아기였던 시절을 지나 이제는 제법 커서 히즈윌 이모 삼촌들의 곡을 크게 따라 부릅니다. 분명히 얼마 전에는 엄마 아빠 껌딱지였는데 이제는 자기들끼리 논다며 방 하나를 차지하고 들어갑니다. 정말 북적대는 명절이 따로 없습니다.

우리는 함께 이 길을 걸으며 배우자를 만났고, 결혼과 출산 등 삶의 중요한 순간들을 함께했습니다. 그리고 이제는 아이들이 자라나는 것을 함께 지켜보며 살아가고 있습니다. 오랜 시간을 함께하니 멤버들 간의 호흡도 척척 들어맞습니다. 다들 배려심 많은 성격이라 한 번도 갈등을 겪거나 큰 소리를 내는 일이 없었습니다. 함께하는 시간이 점점 더 길어지고, 함께 부른 찬양들이 쌓여 갈수록 우리는 더욱 끈끈한 가족이 되고 있습니다.

지은 | 성범
동욱 | 진모
창대 | 서연
     | 향란&현표

히즈윌 가족 모두는

주님이 제게 주신

가장 큰 위로이자 선물입니다.

한 몸 ♥

너는 너라서 좋고 나는 나라서 좋은
서로 다르기에 서로가 소중한
우리는 한 몸

이건 이래서 좋고 저건 저래서 좋은
있는 모습 그대로 모두가 소중한
우리는 한 몸

우리는 한 몸으로 부르심을 받았나니
주께 감사 찬양 드리세
평강의 주님 우리와 함께하시니
평강 위에 흔들리지 말자

자비 겸손과 온유 서로 오래 참아주며
하나님의 택하신 거룩한 자녀
서로 사랑하자

너는 너라서, 나는 나라서 좋습니다

히즈윌 보컬 네 사람의 목소리는 서로 많이 다릅니다. 솔로 곡은 문제가 없었지만 하모니를 맞춰야 할 때 각자의 색깔이 너무 달라서 처음에는 어떻게 소리를 맞춰야 할지 고민이 많았습니다.

그런데 서로 사랑하고 배려하는 마음으로 하나가 되고 나니 생각지 못한 하모니가 만들어졌습니다. 서로 다른 여러 소리가 독특한 개성을 유지하되 부족함을 보완하면서 하나의 아름다운 소리로 완성되었습니다. 오히려 각자의 개성이 살아 있으니 솔로일 때보다 훨씬 입체적이고 풍성해졌습니다. 그래서 히즈윌 음반에는 함께 부르는 곡들이 점점 더 많아지고 있습니다.

우리는 서로 달라서 이해하기 어려울 때가 종종 있습니다. 그럴 때는 판단하는 마음, 정죄하는 마음을 내려놓고 우리를 '한 몸'으로 부르신 주님을 바라봅니다. 우리를 만나게 하신 주님의 계획을 신뢰하며 서로를 바라보면, 오히려 서로 다르기 때문에 좋은 부분이 훨씬 더 많다는 것을 깨닫게 됩니다.

너는 너라서 좋고 나는 나라서 좋은 그 마음이 바로 히즈윌 가족이 행복한 비결입니다.